A la zurda más que diestro

Al Fondo a la Izquierda II

José Antonio Gómez Hernández

Primera edición: octubre 2014
© José Antonio Gómez Hernández
ISBN: 978-1502909503

A todos los que luchan por una prensa libre

La libertad de expresión lleva consigo
cierta libertad para escuchar

Bob Marley

Introducción del autor

Ha pasado ya un año desde que salió publicada la primera recopilación de mis artículos y, desgraciadamente, la situación no ha mejorado nada, por mucho que desde el Gobierno de Mariano Rajoy y desde sus órganos de propaganda se quiera meter la idea de la recuperación en la cabeza de los españoles.

En este año hemos visto cómo el PSOE de Rubalcaba se iba hundiendo poco a poco y cómo la reacción de los socialistas ha sido una renovación integral de sus órganos de dirección y de sus sistemas de elección dando más voz a los militantes y quitando poder a los aparatos. También hemos sido testigos de cómo se ha elegido democráticamente a un nuevo Secretario General y a los candidatos para las elecciones municipales y autonómicas de mayo de 2.015.

También hemos sido testigos de cómo desde el Gobierno se pretende enviar un mensaje optimista sobre la realidad económica del país cuando lo real transciende del realismo mágico que pretende hacer creer el Partido Popular. Hemos visto cómo España se coloca en la vanguardia de niveles de pobreza infantil, cómo se han retirado fondos a la dependencia o a los parados, cómo ha aumentado el sentimiento de secuestro de las instituciones democráticas, cómo se denegaban fondos a los comedores escolares en el verano para tapar la realidad del hambre infantil, cómo se han manipulado hasta límites insospechados el trilerismo del Gobierno a la hora de presentar cifras con el único fin de que su propaganda sea más objetiva.

Por otro lado, desde finales del año pasado el Partido Popular ha incrementado su ofensiva contra las libertades civiles de los ciudadanos y el aumento de la represión al intentan plantear medidas contra los trabajadores que ejercían su derecho a la huelga utilizando a la Fiscalía como ariete al pedir penas de cárcel a sindicalistas, penas superiores a las que se imponían en el franquismo. Hemos sido testigos de cómo el Gobierno está tramitando una Ley de Seguridad Ciudadana cuya única pretensión es la represión de la protesta.

También hemos comprobado el fundamentalismo de la derecha española en lo referente a los derechos de las mujeres con el Anteproyecto de Ley de Contrarreforma del derecho al aborto. La movilización popular y, sobre todo, los cálculos electorales de Génova 13, provocaron que se retirara dicha Contrarreforma.

En este año se ha producido la sucesión en la Jefatura del Estado, sucesión que no está avalada por el voto de los ciudadanos, lo cual, no es un ejemplo de democracia. El espíritu republicano y la reivindicación de poder elegir el modelo de Estado que se le hurtó en 1978 también se ha hecho presente en la actualidad. Tan presente se hizo que se reprimió a los ciudadanos con símbolos republicanos el día de la proclamación de Felipe VI.

Estas y muchas otras cosas han pasado. En estos artículos publicados en *Diario Progresista, Nueva Tribuna* y *Publicoscopia* se puede ver mi opinión sobre todos estos asuntos.

Artículos en *Nueva Tribuna*

PRODUCTIVIDAD EN RECICLAJE

Hace unas semanas que comenzó un debate que hasta ahora había pasado desapercibido para la población y que, a primera vista, no tiene mucha importancia pero que viendo las posibles modificaciones en los hábitos de vida de los españoles sí que la tiene. Me refiero al cambio del huso horario con el retraso de una hora respecto al actual. Este posible cambio tendrá consecuencias pero no las que se deben afrontar, es decir, las relacionadas con los modos laborales.

El cambio del huso horario es una oportunidad para cambiar las tendencias y las costumbres laborales españolas y, sobre todo, para afrontar un cambio en los niveles de rendimiento y productividad. Este país es donde se trabajan más horas pero donde los niveles productivos están más bajos dentro de la UE. Este país es donde se trabajan más horas pero donde se perciben unos salarios más bajos de la UE. ¿Cómo es posible esto? ¿Cómo nadie se ha parado a analizar este hecho? Sencillo, a las élites empresariales no les interesa y a los gobiernos, sobre todo a los gobiernos del Partido Popular no les interesa enemistarse con estas élites empresariales. En este país un trabajador sale de su casa a las 7 de la mañana y regresa a su casa pasadas las 8 de la tarde. Es decir, que los trabajadores sólo tienen vida para su empresa durante la semana. No existe la vida más allá de la actividad laboral. Además, está muy bien visto que el trabajador pase la vida en la empresa, que dé horas extras sin percibir remuneración por las mismas.

Sin embargo, en otros países más desarrollados empresarialmente y con una productividad muy superior a la de este país, estos modos de entender la jornada laboral es desechada por inútil, por ser una rémora para un mejor desarrollo de la actividad y un motivo demostrado de la baja productividad. Hace poco coincidí con un ejecutivo español de una empresa multinacional sueca de las telecomunicaciones y me contó su experiencia sobre este tema cuando se incorporó a su puesto de trabajo en Gotteborg. Él estaba acostumbrado a dar horas y horas y más horas y por ese hecho estaba muy bien visto en su anterior empresa, una multinacional española de las telecomunicaciones. Cuando se instaló en Suecia siguió con ese mismo nivel de trabajo de más de 10 horas diarias sin contar el tiempo destinado a la comida. A las dos semanas le citaron sus jefes y le recomendaron que cambiara sus hábitos porque daba la impresión de no llegar para cumplir con su trabajo porque con las 8 horas era más que suficiente para cumplir con los objetivos marcados y que si no modificaba esos hábitos sería despedido. Es decir, en Suecia ven el hecho de dar horas extras como un síntoma de que el trabajador precisa de más horas de las necesarias para cumplir con su trabajo. Es decir, lo contrario de lo que ocurre en España.

En este país tenemos jornadas de trabajo leoninas, como ya he explicado antes. Entrar a trabajar a las 9, con dos horas para comer (horas que no computan como jornada laboral) y salir a las 19 horas, es algo habitual. Con estas jornadas los empresarios creen que consiguen una mayor productividad por la simple razón de que ocupan prácticamente todo un día y, por lo tanto, la productividad es mayor. Razonamiento de Perogrullo: más horas de trabajo, más producción. Lo mismo se aplica en países como Indonesia, Vietnam, China o Bangladesh en sus fábricas donde no hay trabajadores, sino esclavos. Bueno, pero, ¿ese no es el objetivo del gobierno de Mariano Rajoy y de su presunta Ministra de Empleo?

El cambio de huso horario es una oportunidad para cambiar esos hábitos que son erróneos desde un punto de vista de la productividad. Los trabajadores no rinden más por trabajar más horas, sino todo lo contrario. Todo aquel que haya trabajado con una jornada partida me dará la razón en lo siguiente: las horas posteriores a la comida hasta el fin de la jornada son las menos productivas. Por eso, ese retraso en la hora oficial debe ser aprovechado para cambiar de hábitos y costumbres empresariales e implantar un sistema de jornada laboral basada en la jornada continua. Está demostrado, igualmente, que ese sistema de jornada continua aumenta la producción. Les voy a poner un ejemplo personal. En una empresa en la que trabajé propuse un cambio de jornada: entrada a trabajar a las 8 de la mañana y finalizar la jornada a las 16 horas, con los descansos marcados por el convenio colectivo y por la ley. Les aseguro que la productividad aumentó un 150% respecto a cuando se tenía la jornada partida. El trabajador está más descansado porque dispone de más horas, tanto para descansar como para dedicarlas a su vida. La concentración del trabajo en un tramo horario sin interrupciones hace que la concentración y la dedicación aumenten.

Sin entrar en el debate de la reducción de jornada completa a las 35 horas semanales (debate en el que estoy a favor), creo que es el momento de que los sindicatos, los trabajadores y los empresarios se planteen esto, porque el cambio del huso horario va a dar la posibilidad real de implantar este cambio de mentalidad. Si no se hace los empresarios perderán una oportunidad de revertir una situación que, por qué no decirlo, también es, en menor medida, causa de la situación económica.

RESPONSABILIDAD POR AUSENCIA

El 20 de noviembre se cumplen dos años de la llegada del Partido Popular al Gobierno de este país. Para los habitantes de Génova 13 es el «Segundo Año Triunfal», tal y como se denominaban en el franquismo los años tras el golpe de Estado de los generales en julio de 1936. Al igual que ocurriera en aquellos años los efectos sobre los ciudadanos están siendo brutales: más paro, más pobreza, más hambre y menos derechos. Al igual que los nacionales, el Partido Popular de Mariano Rajoy se está encargando de la tarea de eliminar todas las conquistas y derechos de los ciudadanos. Por favor, que nadie piense que estoy comparando al Partido Popular con los franquistas, no soy tan simple como María Dolores de Cospedal al llamar nazis a aquellos que legítimamente expresaban su indignación por los atropellos de quienes están protegidos por el PP. Sin embargo, los comportamientos políticos de unos y otros son similares desde algunos puntos de vista. La diferencia principal estriba en el comportamiento del pueblo soberano, de los ciudadanos ante los atropellos, ante los atentados hacia sus libertades y derechos civiles. En aquellos años el pueblo reaccionó. Actualmente, el pueblo se queda en casa y sólo somos unos cuantos los que salimos a la calle a protestar, a pedir que no nos roben lo que tanto trabajo nos costó conseguir, la lucha que a tanta gente llevó a la cárcel o a ser asesinado en una cuneta o junto a la tapia de un cementerio.

Los «éxitos» de este gobierno están basados precisamente en la destrucción de todas las victorias logradas por el pueblo, por los ciudadanos, todo ello, eso sí, en base a la recuperación de la economía. La coartada de la crisis es una falacia, como casi todo lo que sale de Génova 13. Es muy fácil realizar una labor destructiva como la que está perpetrando el Partido Popular con el argumento de que todo lo que se está haciendo es por nuestro bien y que la culpa de que ellos se vean obligados es por la crisis económica. Sin embargo, la crisis es la excusa fácil y la coartada sobre la que apoyan un conjunto de reformas neoliberales que son el sueño húmedo de cualquier thatcheriano.

Todas las reformas y medidas que ha realizado Mariano Rajoy son un ataque directo contra el pueblo español: Reforma Laboral, Reforma de la Ley de Educación, Privatizaciones de Servicios

Públicos esenciales, Recortes en Sanidad, Ley de Estabilidad Presupuestaria, Reforma de la Ley del Aborto, Reforma de la Administración Local y un largo etc. Pero la cosa no se queda en lo económico sino que va más allá, tal y como estamos viendo en los últimos días con el Proyecto de Ley de Seguridad Ciudadana donde se criminaliza la protesta o la más que probable revisión del Derecho de Huelga con el eufemístico título de Reforma de los Servicios Mínimos. Todo ello nos da a entender que el Partido Popular está gobernando en contra de su jefe: el pueblo español

Ante este ataque frontal, propio de un régimen dictatorial, ¿qué hace el pueblo español? NADA. El pueblo español acepta todo lo que le echen por miedo, por comodidad, por resignación o por borreguismo. Los españoles somos un pueblo resignado. Es algo histórico. España ha tenido malos gobernantes durante toda su historia. Reyes y dictadores han masacrado a sus gobernados porque éstos se han mantenido de brazos cruzados ante sus abusos. Lo vemos en la literatura con los personajes del Siglo de Oro o en aquellos hombres que tan bien retrataron Galdós o Pío Baroja. Lo vimos en la dictadura franquista cuando sólo un porcentaje pequeño estaba dispuesto a luchar por recuperar las libertades que las armas nos arrebataron. Hoy lo estamos viendo con este gobierno «pseudo dictatorial» de Mariano Rajoy. Desde el gobierno nos están machacando mientras los ciudadanos nos convertimos en espectadores de lujo de esos abusos. Nadie responde, nadie dice nada, nadie grita, nadie sale a la calle a protestar, nadie pide responsabilidades. El gobierno ilegítimo de Mariano Rajoy, además, incita a ese silencio cómplice alabando a los que se quedan en casa, agradeciendo a esa «mayoría silenciosa» que no sale a protestar, aunque en su interior, en las redes sociales o en la barra de un bar no pare de lanzar soflamas contra Rajoy y sus cómplices.

El gobierno de Mariano Rajoy es el responsable principal de la situación de emergencia que sufre la ciudadanía, sin embargo, los ciudadanos también somos muy responsables de permitir que la destrucción de las conquistas logradas tras el franquismo se perpetre. El silencio del pueblo y su inacción lleva a legitimar lo que es ilegítimo, lleva a legalizar lo que es ilegal. El pueblo es la fuerza más potente que hay. No hay ejército ni fuerza represiva que pueda con él. No obstante, si el pueblo se calla y se resigna los malos gobernantes que le atacan existe una importante responsabilidad por parte de aquél por ausencia y falta de lucha por defender lo que legítimamente se ganó con la lucha y la movilización.

Tal vez esta inacción se produzca por un apalancamiento en la comodidad; tal vez la pasividad sea el resultado de la falta de líderes que encabecen el descontento; tal vez por miedo. Ese acomodamiento viene como consecuencia de una de las muchas trampas que coloca la derecha a la clase trabajadora: la creación de la ficción de la clase media a través de la falsa prosperidad generada en los tiempos de la burbuja inmobiliaria. La destrucción por parte de la derecha de la conciencia de clase es una de las armas que el neoliberalismo utiliza para evitar la reacción de los trabajadores ante sus atropellos. Históricamente la clase media estaba compuesta por pequeños empresarios que conformaban lo que en el siglo XIX se denominaba la «pequeña burguesía». Actualmente la derecha, a través de esa falsa prosperidad proveniente de la época de la burbuja inmobiliaria, ha conseguido eliminar la conciencia de clase trabajadora y crear el aburguesamiento, aunque las circunstancias sean lo suficientemente graves como para organizar una revolución obrera como contrapunto al ataque de la derecha y de los mercados.

La falta de liderazgo o de una figura que canalice el descontento es obvia. No hay nadie desde los sectores progresistas ni desde los sindicatos que logre unificar el descontento y hacer que los trabajadores renuncien a su situación acomodaticia. A esta falta de liderazgo se une la cultura del miedo que siempre va unida a los gobiernos de la derecha. Hablar de represión aún es prematuro, pero se está creando el caldo de cultivo con la Ley de Seguridad Ciudadana y con el Proyecto de Regularización del Derecho de Huelga que ya anunció Mariano Rajoy la semana pasada.

Todo esto hace que los ciudadanos se queden en casa en vez de rebelarse contra el Partido Popular. Esa falta de espíritu movilizador y esa ausencia de espíritu de lucha por lo que Mariano Rajoy y su gobierno nos está arrebatando es también una de las causas de que el ritmo destructor del partido ultraconservador español siga su curso o se incremente a medida que van pasando los meses de gobierno. Rajoy es el principal responsable de la situación, pero los ciudadanos también tienen una responsabilidad por ausencia: si la clase trabajadora se movilizara en serio, utilizando los medios que fueran necesarios, Rajoy se lo pensaría dos veces antes de seguir destruyendo derechos. El pueblo no es el principal culpable, pero sí es responsable.

LA NECESIDAD IMPERIOSA DE LA REFORMA CONSTITUCIONAL

Esta semana conmemoramos los 35 años de la aprobación de la Constitución Española, uno de los finales del proceso de transición desde la dictadura franquista, ya que la culminación de este proceso se produjo en la noche del 23 de febrero de 1981 con la derrota por parte de los demócratas de aquellos que intentaron hacer que este país volviera a los años del franquismo. Sin embargo, ¿hay que cambiar la Constitución? Si la respuesta a esta pregunta es afirmativa, ¿cómo hay que modificarla, sólo retocándola en algunos aspectos que llevaría a su aprobación por parte del Parlamento o iniciando un proceso constituyente, lo que obligaría a la clase política y al Jefe de Estado a someter dichos cambios al dictamen del pueblo español por medio de un referéndum?

El gobierno autoritario y cuasi dictatorial del Partido Popular y su ataque frontal al pueblo español con la derogación de facto, que no legal, de muchos de los derechos y libertades que la

Constitución otorga al pueblo soberano hace que la reforma de nuestra Carta Magna sea casi una obligación. Lo estamos viendo en los muchos debates abiertos que, casualmente, coinciden con los puntos en los que el PP está atacando a los españoles.

Es un hecho que la Constitución se ha quedado obsoleta. Nació en una situación sociopolítica muy diferente, donde el diálogo era uno de los puntales sobre los que se asentaba la política. El consenso entre las diferentes ideologías y los distintos modos de ver la realidad hizo que naciera el texto constitucional. Todos defendieron y cedieron, pero dialogaron de un modo democrático. Tal vez influyera las ganas de asentar la democracia después de los 40 años de dictadura del general genocida. Tal vez influyera que los políticos de aquellos días de finales de la década de los 70 lo fueran con P mayúscula. Tal vez era un tiempo en que no se quería volver a los errores del franquismo como parece que se quiere regresar actualmente.

El momento histórico, el miedo a los militares y al búnker, hizo que en muchos aspectos la Constitución se quedara corta en algunos aspectos, como la política territorial al no dar el paso definitivo hacia un modelo federal que descentralizara el Estado y se quedara en el punto medio que fue el Estado Autonómico para, de este modo, no levantar ampollas en los cuarteles por el tan manido tema de la unidad de la patria. Otro aspecto fue la laicidad del Estado, quedándose en la aconfesionalidad del mismo, todo por miedo a las reacciones de la Iglesia. Otro aspecto fue la Jefatura del Estado, ya que nadie se atrevió a plantear la consulta sobre monarquía o república, ya que había riesgo de levantamiento militar si se tocaba ese tema y se quitaba de en medio al heredero de Franco. Y así en otros muchos aspectos.

Han pasado 35 años desde su aprobación. Este país ha madurado lo suficiente como para tener la capacidad de legislar y de otorgarnos una nueva Constitución que dé respuesta a los problemas reales de ahora. La Carta Magna del 78 se ciñó a las necesidades sociales y políticas de la Transición pero se está demostrando día a día y, sobre todo, desde que el Partido Popular gobierna con tics dictatoriales, que no cubre las necesidades de protección de derechos y libertades de los ciudadanos del siglo XXI.

En primer lugar, el inicio de un proceso constituyente debe estar basado en la aceptación de que los ciudadanos están siendo atacados desde el

Poder Ejecutivo con la derogación encubierta de derechos como la educación o la sanidad y con la expropiación de las libertades civiles (expresión, reunión, manifestación).

En segundo lugar, la reforma constitucional debe ir encaminada hacia la protección de los ciudadanos frente a las tentaciones autoritarias, sobre todo desde que las tiene y las implementa la derecha heredera del franquismo. Sin embargo, ese no es el camino que se seguiría. El Partido Popular, ese partido heredero del franquismo y al que le sale urticaria ante cualquier atisbo de verdadera democracia, lo impediría porque el régimen democrático les repugna, aunque quieran dar la imagen de que son demócratas. Lo están demostrando con el gobierno de Mariano Rajoy.

La protección de los derechos de los ciudadanos en una nueva constitución debe ir orientada hacia el blindaje que no el reconocimiento de los derechos de los ciudadanos. El Estado debe blindar el derecho a la vivienda digna de todos los españoles buscando nuevos caminos en el caso de que una situación económica adversa y sobrevenida haga que cualquier español sea expulsado de su hogar; el derecho a una sanidad pública, universal y gratuita con una gestión 100% pública y con la imposibilidad de cualquier Poder Ejecutivo de privatizarla o de externalizar sus servicios; el derecho a una educación pública de calidad sin interferencias de sectores o instituciones que utilicen la educación para el adoctrinamiento y donde se garantice la igualdad de oportunidades para todos, independientemente de la situación económica tanto del estudiante como de la macroeconomía; el derecho al trabajo, garantizando por parte del Estado de las herramientas necesarias para que el empleo sea de calidad y tenga un salario digno protegiendo al trabajador de los abusos del empresario y no fomentándolos, como ocurre actualmente con la Reforma Laboral de Mariano Rajoy y de la ministra de Destrucción de Empleo Fátima Báñez; el derecho a una justicia igualitaria a la que puedan acceder todos los ciudadanos sin tener en cuenta sus rentas.

Lo mismo ocurre con las libertades. Una Constitución verdaderamente democrática no permitiría que se pusiera sobre la mesa un Proyecto de Ley como el presentado por el ministro/comisario de la DGS Fernández Díaz donde se criminaliza cualquier tipo de protesta por parte del pueblo ante los atropellos y barrabasadas que este gobierno está haciendo. Una Constitución verdaderamente democrática no permitiría que el Poder Ejecutivo se cuestionase la revisión del derecho a la huelga de los trabajadores, tal y como planteó el propio Mariano Rajoy. Si los trabajadores hacen huelga es porque son los que están sufriendo las consecuencias de la crisis económica generada por los defendidos del Partido Popular. Si los trabajadores incumplen en algunos casos los servicios mínimos es porque desde las instituciones públicas, sobre todo las gobernadas por el PP, quieren imponer porcentajes de servicios mínimos que son abusivos, como, por ejemplo un 40% en las huelgas de RENFE o en la huelga de los barrenderos de Madrid.

El proceso constituyente debe orientarse a proteger la igualdad de los españoles en el sistema electoral, dando el mismo valor al voto de un ciudadano que viva en Catalunya o en Euskadi que el que viva en Soria o Santander. De igual modo debe proteger a los ciudadanos de la presentación de programas electorales falsos que hagan llegar al poder a partidos que prometan y hagan lo contrario de lo que prometieron, lo cual es una estafa para el pueblo.

Referido a la orientación religiosa del Estado, la reforma de la Constitución de 1978 debe imperar la laicidad del Estado y la libertad religiosa, dando igualdad a todas y cada una de las confesiones que operen en este país. No es democrático que una institución como la Iglesia Católica esté en superioridad de condiciones frente al resto, por mucho que la gran mayoría de la población profese dicha confesión o que tenga acuerdos diplomáticos que ponderen dicha superioridad. La democracia es igualdad, y esa igualdad también está referida al apartado religioso.

Finalmente, es el momento de que los ciudadanos españoles elijan el modelo de Estado. En 1978 no se cuestionó la forma monárquica, modelo que fue impuesto por Franco, no olvidemos esto. El pueblo español ya tiene la suficiente madurez como para poder otorgarse el modelo de Estado que quiere: si quiere un modelo republicano donde se elija al Jefe de Estado por medios democráticos o seguir manteniendo el modelo monárquico que es antitético al espíritu de cualquier democracia.

Es la hora de la consulta, es la hora de abrir un proceso constituyente serio y profundo que adapte nuestra norma fundamental a la realidad que vivimos ahora. Mantener un segundo más la Constitución de 1978 es seguir viviendo en un mundo que ya pasó e impedir que se avance hacia el futuro y negar el refuerzo de la democracia.

LA BASE DE DATOS DE SORAYA, «VICEPRESIDENTA PARA TODO»

Me he tomado la libertad de tomar prestado el apelativo acertadísimo del maestro Miguel Ángel Aguilar que tantas veces utiliza al referirse a Soraya Sáez de Santamaría, debido a la acumulación de poder de la Vicepresidenta y su control de la labor gubernativa del Ejecutivo de Mariano Rajoy. Es normal que un presidente que sólo tiene el nombre del cargo pero que no ejerce como tal derive responsabilidades en su número dos, pero lo que no es normal es que Soraya se está convirtiendo en la presidenta en la sombra.

Sin embargo, la protagonista de este artículo no es ese poder acumulado sino la posible posesión de una base de datos que hace que sus intervenciones parlamentarias se conviertan en una ponzoña y en una revelación de que el Partido Popular se siente cómodo cuando se baja al barro, al chabacanismo y a convertirse en oposición de la oposición. Hay que analizar las intervenciones de la Vicepresidenta para darse cuenta que cuando se la interpela con preguntas parlamentarias su táctica es no decir nada y atacar al PSOE con datos y más datos para finalizar con el «y tú más». No habla ni da explicaciones, sólo echa en cara al principal partido de la oposición. Si se habla de Bárcenas, Soraya habla de los ERE's. Si se habla de la ley de mordaza o de la privatización de los Cuerpos de Seguridad del Estado, Soraya ataca con la gestión de Rubalcaba en el Ministerio del Interior. Y así siempre. Seguramente, si Soraya Rodríguez la interpelara con el color de los calzoncillos de Rajoy, Soraya Sáez de Santamaría respondería que cuando gobernaba el PSOE los calzoncillos de Zapatero eran más horteras.

Un cerebro normal no puede tener frescos tal cantidad de datos y reproches. Por tanto está claro que debe poseer una base de datos que hace que cada asunto tenga su réplica en el «y tú más» o en la herencia recibida. Pero una base de datos así cuesta mucho dinero mantenerla o mucho tiempo para generarla. ¿Dispone Soraya de un departamento de documentación que mantiene viva esa base? ¿La gestiona ella sola? Son preguntas que no tendrán respuesta, pero lo que está claro es que la base de datos de Soraya es una gran base de datos que le prepara sus intervenciones parlamentarias. Ella no necesita más.

Sin embargo, esta actitud de la Vicepresidenta para todo lo que hace es emponzoñar aún más a los políticos de cara a la calle. Esas respuestas basadas en el «y tú más» o en la herencia recibida sin responder verdaderamente a los problemas planteados por la oposición que casualmente coinciden con problemas reales de los españoles o con preocupaciones de los ciudadanos lo que hacen es que la clase se separe más del pueblo porque lo que éste ve en las intervenciones de la vicepresidenta es que los políticos van a lo suyo y defienden antes los intereses de partido que los intereses de los gobernados.

Las respuestas de Soraya y el «y tú más» que abandera define una obsesión casi patológica hacia los partidos de izquierda, sobre todo el PSOE y esconde una estrategia definida de desprestigio de la política y la actividad parlamentaria, ya que la política desprestigiada favorece al PP que tiene una base electoral de 9 millones de votantes, mientras que elimina la amenaza de la izquierda primero por su fragmentación y segundo por el sentido crítico del votante progresista. El desprestigio de la actividad parlamentaria también es un arma de la derecha, ya que da paso al populismo que encierra su propia ideología y que históricamente se ha visto no sólo en España, sino en otros países de Europa.

Soraya y su base de datos de escarnios contra la oposición son el reflejo del desprecio a la política de la derecha española. ¿Merecemos que alguien así siga gobernando? No, y que esto no se eternice depende de los ciudadanos.

HASTA LOS '70 Y MÁS ATRÁS

Es famosa la frase de Buzz Lightyear del personaje de la saga Toy Story de Disney: «¡Hasta el infinito, y más allá!». Gracias a la situación política y social a la que nos está llevando el Partido Popular podemos modificarla y decir que España va «hasta los '70 y más atrás». Desde que Mariano Rajoy ganó las elecciones en noviembre de 2011 y tomó posesión de la Presidencia del Gobierno parece que la única intención es la de destrozar todos los logros sociales y políticos que los españoles logramos tras la muerte del Caudillo Genocida. Lo vemos en todos los ámbitos: sanidad, educación, justicia, derechos de la mujer, libertades civiles de los ciudadanos. Todo lo que el pueblo español ganó lo está perdiendo gracias al gobierno ultraconservador de Mariano Rajoy. La crisis económica es la excusa, pero la crisis económica no puede ser la única causa para este retroceso. Hay algo más, y ese algo más es la ideología ultraconservadora del partido del gobierno, es la ideología que no se encuentra cómoda con los valores de la democracia, es la ideología heredera del franquismo.

Todo parece ahondar hacia una vuelta al pasado, una vuelta hacia la dictadura. La Constitución de 1978, la Constitución del consenso político entre partidos e ideologías tan distantes como la de Santiago Carrillo y Manuel Fraga, pasando por la de Felipe González o de Adolfo Suárez. Mariano Rajoy se está aprovechando de los medios que da la democracia para derogarla de facto implantando un nuevo régimen, la dictadura parlamentaria, es decir, aplicar e imponer unilateralmente modos de gobierno dictatoriales utilizando los procedimientos parlamentarios de cualquier democracia. Esto mismo se hizo en otros momentos históricos y en otros países. La democracia sirvió como trampolín para la implantación de dictaduras con gobiernos autoritarios refrendados por los votos de los miembros del parlamento.

No voy a entrar en el análisis de los pasos atrás en materias como sanidad, educación o justicia, ámbitos donde se está retrocediendo a niveles de igualdad desconocidos desde los años posteriores a la Guerra Civil. Tras la muerte de Franco y con los primeros gobiernos de Felipe González se consiguió que la sanidad pública fuera universal y gratuita para todos los españoles, tanto para los que tenían mayor capacidad económica como para los más humildes; lo mismo ocurrió con la educación, donde tenían las mismas oportunidades el hijo del dueño de un banco que el hijo de un trabajador de estudiar una carrera universitaria; lo mismo ocurrió con la justicia. Todos los españoles teníamos la posibilidad de acceder a la justicia. Nadie en España se quedaba sin reclamar justicia ante un delito o una injusticia por falta de medios económicos. Con el gobierno de Mariano Rajoy hemos vuelto a los privilegios. Los que tienen capacidad económica podrán tener educación, sanidad o justicia. Los más humildes se pueden ir olvidando de sus derechos al privatizarse su sanidad; al hacer inaccesible su educación con tasas universitarias que sólo podrán pagar los poderosos y la reducción de las becas para los más humildes hará que muchos estudiantes queden excluidos de un sistema al que tienen derecho; al acceso a una justicia igual para todos, ya que con las tasas de Gallardón sólo los que tengan dinero podrán tener acceso a aquélla.

La vuelta atrás en el tiempo o, como diría algún dirigente del PP, la desaceleración en el avance temporal, la vemos reflejada en dos medidas tomadas recientemente por los ultraconservadores: la ley de la mordaza y la reforma de la ley del aborto.

La nueva Ley de Seguridad Ciudadana es una vuelta a los tiempos en que los grises perseguían a aquellos que se atrevían a protestar durante la dictadura. Se trata del primer paso para la derogación encubierta de las libertades civiles de los ciudadanos. El Partido Popular, a través de su ministro de Interior, un hombre que tiene más aspecto de Comisario de la Dirección General de Seguridad que de ministro, ha impuesto a los españoles una Ley que amordaza estas libertades y que da impunidad a las malas praxis de las Fuerzas de Seguridad del Estado permitiendo los abusos. La Ley de la Mordaza va a imposibilitar la protesta social ante los atentados del Régimen Genovés. Quieren sumisión absoluta y el único medio que tienen es el de plantear un estado de pánico que evite que los ciudadanos salgan a la calle a protestar. Fernández Díaz lo plantea como un modo de evitar protestas violentas. Sin embargo, ¿ha habido protestas violentas desde que gobierna el PP? No. Ha habido conatos de enfrentamientos por parte de una minoría. Ha habido enfrentamientos con la Policía provocados, en algunos casos, por policías infiltrados entre los manifestantes. Quieren imponer el miedo, pero realmente quienes tienen miedo son ellos, es el poder. Felipe González, hablando de la época final del franquismo, hacía una reflexión sobre la debilidad de la oposición democrática al afirmar que tenían una sensación de que el Régimen era fuerte, pero que una visión retrospectiva daba una realidad muy diferente ya que el Régimen entraba en crisis por una simple asamblea de estudiantes en la universidad. Lo mismo parece que está ocurriendo ahora. Mariano Rajoy y su gobierno tienen miedo a los ciudadanos, mucho miedo. ¿Por qué? Yo tengo una teoría: no se han lanzado todavía hacia sus objetivos principales, que no sé cuáles son pero que me temo que van a ser muy lesivos hacia el pueblo y muy beneficiosos para las élites. Estas nuevas medidas que tomarán, unas impuestas por Bruselas —las menos—, y otras impuestas por su propia ideología no democrática —las más—, podrían provocar que el pueblo se rebelara. Ante esto, el PP quiere ponerse la venda antes que hacerse una herida.

Relacionado con lo anterior está la posible restricción o eliminación del derecho de huelga de los trabajadores. El éxito de la huelga de los empleados de la limpieza de Madrid ha abierto un camino que el PP no quiere que se abra. Los barrenderos han mostrado que la lucha obrera da resultados y esto no lo pueden permitir quienes repudian todo lo relacionado con los derechos de los trabajadores. Mariano Rajoy y su partido quieren imponer unas condiciones de precariedad laboral y salarial que hagan que los trabajadores, con tal de no perder su empleo, acepten cualquier cosa. Los barrenderos de Madrid han mostrado que no es así. Rajoy dijo que había que regular los servicios mínimos y su cumplimiento. No obstante, ¿cómo puede lucharse contra los abusos de empresarios y administraciones públicas si se imponen unos servicios mínimos del 75%? Eso sí que es un abuso y, como es injusto, es lícito que los trabajadores no cumplan dichos servicios mínimos. Rajoy quiere evitar que los trabajadores se rebelen modulando el derecho de huelga que, en el lenguaje eufemístico del PP, será una restricción del mismo o una derogación encubierta.

Rajoy, jaleado por sus mamporreros mediáticos, está creando un estado policial que amordace la protesta de los ciudadanos ante lo que va a venir que será bastante peor que lo que hemos sufrido durante los dos primeros años de gobierno ultraconservador. Rajoy es el responsable de la vuelta a la represión franquista, a las carreras de los grises y a los abusos y las palizas. Y, para rematar el paisaje, ya solo faltaban las meonas, tal y como ocurría en el franquismo. Para la represión sí hay dinero, mientras que para la protección de los ciudadanos víctimas de la crisis generada por los protegidos del PP sólo hay recortes. ¿Qué será lo próximo? ¿Instaurarán de nuevo el TOP? Con Rajoy todo es posible.

Respecto a la Reforma de la Ley del Aborto es el ejemplo más claro de la deriva hacia las posturas más fundamentalistas referidas a los derechos de la mujer que se resumen en una frase: la mujer no tiene derechos porque la Biblia así lo señala. Esta reforma redactada por los grupos Provida, por el OPUS y la Iglesia Católica ha sido presentada en un Consejo de Ministros de un país democrático. En España la mujeres ya no tendrán libertad para decidir sobre su maternidad sino que tendrán que ser tuteladas por médicos que den la aprobación para ejercer un derecho que, tras muchos años de lucha, habían logrado con los gobiernos socialistas con las ley de 1985 (Felipe González) y con la ley de plazos del gobierno de Rodríguez Zapatero, ley que está recurrida ante el Tribunal Constitucional. En España volvemos a los años en que las mujeres con dinero tenían que irse a abortar a Londres y las que no tengan capacidad económica se verán obligadas a meterse en clínicas ilegales donde no hay ningún tipo de garantía sanitaria. En España muchas mujeres morirán desangradas si quieren ejercer su derecho de elección sobre su maternidad. En España muchas mujeres morirán en partos difíciles. En España nacerán muchos niños con graves malformaciones. En España hemos vuelto a los años del nacionalcatolicismo gracias a Alberto Ruiz Gallardón, el mismo personaje que afirmó que «gobernar era sinónimo de generar dolor». En España dejamos de ser ejemplo para otras naciones para convertirnos en el ejemplo de lo que no hay que hacer. ¿Cuál será el próximo ataque a las mujeres? ¿Volverá Gallardón a implantar la figura del cabeza de familia? ¿Se volverá a criminalizar en el Código Penal el adulterio femenino? Después de esta ley del aborto todo es posible con este gobierno. ¿Sacará el Partido Popular a las mujeres del mercado laboral como solución al desempleo, tal y como sugerían desde FAES? Ese machismo de los ultraconservadores no descarta esta posibilidad. En la presentación del Anteproyecto de Ley Gallardón trató a las mujeres como incapaces y a los españoles como idiotas. Decir que la eliminación del derecho a la interrupción voluntaria del embarazo era para garantizar más libertad a las mujeres es de un cinismo que raya la desvergüenza. Es como aquellos profesores que te pegaban una colleja y te decían que era por tu bien. Te puteo pero me tienes que estar agradecido.

Pero lo más grave es la ausencia de crítica por parte de las mujeres del PP. ¿Están de acuerdo con esta limitación de sus derechos? Evidentemente, sí. Anteponen sus creencias a sus derechos, tal y como ocurría cuando las mujeres eran guiadas por sus confesores. El Anteproyecto de Reforma de la Ley del Aborto fue presentado por Gallardón flanqueado por dos mujeres que sonreían ante la gravedad de lo que el Ministro de Justicia estaba explicando en la rueda de prensa. Hoy, una mujer del PP, Cristina Cifuentes ha alzado su voz contra la Contrarreforma Trentista de Gallardón. ¿Saldrá indemne de su osadía? Ya se verán pronto las represalias.

El Partido Popular nos está llevando hacia una época que ya creíamos olvidada. Gracias al PP volvemos a los años 70 y más atrás. ¿Lo vamos a consentir? Ha llegado el tiempo de dejar de gritar para pasar a la acción porque los ciudadanos somos más y porque los ciudadanos no podemos permitir que nos roben lo que tanto nos costó conseguir.

EL DEBER DEL PUEBLO

«Cuando una larga serie de abusos y usurpaciones, dirigida invariablemente al mismo objetivo, evidencia en designio de someter al pueblo a un despotismo absoluto, es su derecho, es su deber, derrocar ese gobierno y proveer de nuevas salvaguardas para su futura seguridad».

Hace más de 200 años que un grupo de hombres libres hizo esta declaración en un documento que hoy es referente de, incluso, la Declaración de Derechos Humanos sobre la que se sustancia la ONU. Vuelvo a repetir, hace más de dos siglos que estas palabras fueron plasmadas por Thomas Jefferson en un documento que fue firmado en la ciudad de Philadelphia por hombres como George Washington, John Adams, Thomas Jefferson, Benjamin Franklin o John Adams, en el actual Independence Hall, y que fue el embrión del nacimiento de los Estados Unidos. Lo que realmente ocurre es que textos del pasado se hacen actuales en la situación actual de España, la situación a la que nos está llevando el Partido

Popular y, en concreto, Mariano Rajoy con sus políticas neoliberales y sus medidas ultraconservadoras. Lo mismo ocurre con canciones del pasado, canciones de los cantautores de los años 60 y 70, que se pueden escuchar en el entorno sociopolítico actual y no desentonan.

Los abusos hacia los españoles de Mariano Rajoy hacen imprescindibles medidas por parte de la ciudadanía, casi obligan a los ciudadanos a retomar su soberanía, ese concepto que tan pomposamente está recogido en la Constitución Española de 1978 en su artículo 1.2 al afirmar «La soberanía nacional reside en el pueblo español, del que emanan los poderes del Estado» y que el Partido Popular nos está hurtando de una manera casi obscena, del mismo modo en que lo haría un dictador en un país donde la soberanía nacional reside en la persona del mismo y no en el pueblo.

La movilización ciudadana se hace imprescindible no ya tanto como un modo de protesta o como un modo de canalizar el descontento sino como una manera de terminar con este sufrimiento, con esta situación insostenible, con este gobierno que está ejecutando la protección que el Estado debe dar a sus ciudadanos.

El Partido Popular está actuando como el alumno que quiere superar al profesor al precio que sea al querer imponer las mismas medidas que en los años 80 implementó Margaret Thatcher con la misma excusa: la crisis económica. Rajoy y su partido están haciendo lo mismo pero a lo bestia. Están entregando nuestros derechos, esos derechos que están recogidos en la Constitución Española, a los intereses privados como un nuevo nicho de negocio que explotar. El hecho entregar esos derechos (sanidad, educación, trabajo, vivienda, justicia) a intereses privados es ya un ataque directo a la democracia, además de un atentado contra los principios sobre los que se asienta el sistema político en el que el pueblo es el soberano.

El partido ultraconservador español está llevando a los ciudadanos a situaciones propias de la posguerra. En la España actual más del 10% de su población está por debajo de los niveles de pobreza extrema. En la España actual casi 3 millones de personas no tienen ningún tipo de ingreso. En la España actual se está pasando hambre, millones de niños solo pueden comer en sus colegios porque en su casa apenas pueden alimentarse. En la España actual las autoridades expulsan de su hogar a las víctimas de la usura de la banca. En la España actual los ciudadanos tienen que buscar en los contenedores de basura el mínimo sustento para no morir de hambre. En la España actual la salud de los ciudadanos se entrega a los intereses de compañías privadas que van a convertir a los pacientes en clientes. En la España actual la educación de nuestros jóvenes se entrega a las necesidades de la Iglesia Católica o de la educación privada. En la España actual el hijo de un obrero tiene imposible acceder a la educación universitaria porque las tasas están equiparando la educación pública a la privada. En la España actual se está atacando a la libertad de expresión, reunión, manifestación de los ciudadanos con una legislación propia del franquismo o del estalinismo. En la España actual se está atacando constantemente a los derechos de las mujeres con esa reforma asquerosa de la ley del aborto que un ministro ególatra y narcisista quiere imponer bajo los auspicios de los sectores más ultras de la sociedad y que, además, son una minoría. En la España actual se están permitiendo los abusos empresariales hacia los trabajadores y el chantaje más burdo hacia éstos por el mero hecho de que el trabajo, que es un derecho, se haya convertido en un privilegio. En la España actual se permite que el Presidente del Gobierno mienta en el Congreso y continúe en sus funciones. En la España actual se permite que el Presidente del Gobierno siga en su cargo a pesar de ser también el presidente de un partido político sospechoso de ser un nido de corrupción. Todo ello gracias a las medidas del gobierno de Mariano Rajoy.

Mariano Rajoy, su partido y la prensa mamporrera del Movimiento Genovés, justifican sus medidas en la mayoría absoluta que le dio el resultado de las Elecciones Generales de 2011 y en la soberanía popular. Esta afirmación es un insulto. El pueblo habló y ahora debe callar. Así es como ve el PP el sistema democrático. Piensan que se les ha dado un cheque en blanco para poner en marcha todas las tropelías que han puesto en marcha, independientemente del daño que pueda hacer. El pueblo habló y ahora debe callar. Eso no es así porque la democracia está basada en la participación del pueblo en la vida política, por mucho que las elecciones den un resultado o el contrario.

El principal problema es que el Partido Popular no cree en la democracia, no cree en la soberanía popular y por eso no acepta que los ciudadanos tengan voz propia. Sólo acepta la sumisión. El gobierno impone y el pueblo calla porque ya tuvo su oportunidad en las Elecciones Generales. No obstante, tienen miedo, tienen mucho miedo a que el pueblo despierte. Por eso han aprobado las leyes que han aprobado para evitarlo.

La nulidad de respuesta del pueblo español ante todos estos atropellos, ante todos los recortes y sus consecuencias es un modo de complicidad con el poder. El pueblo, tal y como dice la Declaración de Independencia de Estados Unidos, no solo tiene el derecho sino que está obligado a endurecer la protesta, que no la queja, para provocar que esos gobernantes dejen de gobernarnos. No hablo de revolución, porque ya no es tiempo de revoluciones, sino que hablo de que los ciudadanos tenemos el poder efectivo, que no el poder legal. No podemos permitir tener a un Presidente de Gobierno que ha legalizado la mentira como modo de gobierno. No podemos permitir que nadie, por mucho que tenga la legitimidad de los votos, nos robe los derechos por los que tanta gente se dejó la vida. Pero para eso es necesaria la protesta, intensificar la protesta, llenar las calles día a día, porque la calle es nuestra, por mucho que dijera Fraga lo contrario, y desde la calle se ganan más derechos que desde el sillón de casa o desde la queja tomando un café. Envidio de verdad a países como Brasil, Ucrania, Thailandia, países en que el pueblo se ha echado a la calle y ha conseguido cambiar las tendencias y los abusos del poder hacia sus ciudadanos.

Compañeros y amigos extranjeros me preguntan que cómo es posible que con lo que está haciendo Mariano Rajoy con su pueblo España no está ardiendo, que no haya barricadas en las calles, que no aparezcan cincuenta cajeros ardiendo cada día. La respuesta es fácil: el pueblo español ha entregado la cuchara antes de comenzar la batalla. ¿Somos un pueblo de cobardes? Creo que no, pero sí que somos un pueblo resignado, un pueblo que se queja pero que no protesta. Pero antes los abusos del PP tenemos el deber de levantarnos, tenemos la obligación de luchar por lo que ellos nos quieren quitar. En países no muy lejanos, como Francia, por menos de la mitad de los abusos de Rajoy hacia el pueblo el país se hubiera levantado. Aquí no, y, por tanto, el pueblo es responsable.

Voy a finalizar el artículo con una parte del guión de la película V de Vendetta donde se sustancia parte de lo explicado anteriormente:

«¡Buenas tardes, Londres! Permitid que, primero, me disculpe por esta interrupción. Yo, como muchos de vosotros, aprecio la comodidad de la rutina diaria, la seguridad de lo familiar, la tranquilidad de la monotonía. A mí, me gusta tanto como a vosotros. Pero con el espíritu de conmemorar los importantes acontecimientos del pasado, normalmente asociados con la muerte de alguien o el fin de alguna terrible y sangrienta batalla y que se celebran con una fiesta nacional, he pensado que podríamos celebrar este 5 de noviembre, un día que, lamentablemente, ya nadie recuerda, tomándonos 5 minutos de nuestra ajetreada vida para sentarnos y charlar un poco. Hay, claro está, personas que no quieren que hablemos. Sospecho que, en este momento, estarán dando órdenes por teléfono, y que hombres armados ya vienen de camino. ¿Por qué? Porque mientras pueda utilizarse la fuerza, ¿para qué el diálogo? Sin embargo, las palabras siempre conservarán su poder, las palabras hacen posible que algo tome significado y, si se escuchan, enuncian la verdad. Y la verdad es, que en este país, algo va muy mal, ¿no? Crueldad e injusticia, intolerancia y opresión. Antes tenías libertad para objetar, para pensar y decir lo que pensabais. Ahora, tenéis censores y sistemas de vigilancia que os coartan para que os conforméis y os convirtáis en sumisos. ¿Cómo ha podido ocurrir? ¿Quién es el culpable? Bueno, ciertamente, unos son más responsables que otros. Y tendrán que rendir cuentas. Pero, la verdad sea dicha, si estáis buscando un culpable, sólo tenéis que miraros al espejo. Sé por qué lo hicisteis, sé que teníais miedo ¿Y quién no? Guerras, terror, enfermedades. Había una plaga de problemas que conspiraron para corromper vuestros sentidos y sorberos el sentido común. El temor pudo con vosotros y, presas del pánico, acudisteis al actual líder, Adam Sutler. Os prometió orden, os prometió paz. Y todo cuanto os pidió a cambio fue vuestra silenciosa y obediente sumisión. Anoche intenté poner fin a ese silencio. Anoche destruí el Old Bailey para recordar a este país lo que ha olvidado. Hace más de cuatrocientos años un gran ciudadano deseó que el cinco de noviembre quedara grabado en nuestra memoria. Su esperanza era hacer recordar al mundo que justicia, igualdad y libertad son algo más que palabras; son metas alcanzables. Así que si no abrís los ojos, si seguís ajenos a los crímenes de este gobierno, entonces os sugiero que permitáis que el cinco de noviembre pase sin pena ni gloria. Pero si veis lo que yo veo, si sentís lo que yo siento y si perseguís lo que yo persigo, entonces, os pido que os unáis a mí, dentro de un año, ante las puertas del parlamento Y juntos, les haremos vivir un cinco de noviembre que jamás, jamás nadie olvidará».

Lo que estamos logrando con el entreguismo popular es perder la soberanía popular. El camino que nos mostraron escritores como Orwell, Zamiatin, Huxley o Bradbury puede llegar a España si no le ponemos remedio. Nosotros tenemos la fuerza, utilicémosla porque es nuestro deber como ciudadanos.

EL CENTRO: OTRA MENTIRA DE LA DERECHA

España es un país muy inmaduro desde el punto de vista político. Ello viene dado por la anestesia ideológica derivada de los 40 años de franquismo en los que solo existía un partido político, el Movimiento Nacional, y la militancia en cualquier otra fuerza política, de derechas o de izquierdas, estaba penada con la cárcel. Sólo se permitía la pertenencia al Movimiento (Falangistas y Carlistas). Esto lo vimos en el primer intento de legalización de las asociaciones políticas del gobierno de Arias Navarro, estando aún vivo Franco, que se quedó en la separación de las asociaciones que ya estaban dentro del Movimiento, es decir, asociaciones de corte católica, falangista o tradicionalista. Según reconocía Felipe González, en aquellos años apenas había un 1% de españoles que militaban activamente en partidos políticos de la oposición a pesar de que ya eran mayoría los ciudadanos que pensaban que este país tenía que cambiar de régimen político. Podía ser un hecho lógico teniendo en cuenta que aún vivía el dictador. Franco ya se había encargado de quitar las ganas de militar o de tener ideología activa, ya fuera de derechas o de izquierdas.

Tras la muerte del dictador, Suárez llegó a la presidencia gracias a las artimañas de Torcuato Fernández Miranda y el pueblo español refrendó en las urnas la Ley de Reforma Política que derogaba toda la legislación franquista. Los partidos políticos salían de las cuevas de la clandestinidad, incluidos los comunistas. Los partidos negociaban con Suárez a través de la Comisión de los 12, formada por monárquicos, comunistas, socialistas, nacionalistas, socialdemócratas y sindicalistas. Los españoles nos fuimos acostumbrando a ver a líderes socialistas, comunistas, socialdemócratas, demócrata-cristianos, ultras, liberales, maoístas. A las primeras elecciones libres desde 1936 se presentaron más de 800 formaciones. En el Parlamento vimos a Santiago Carrillo, Manuel Fraga, Dolores Ibarruri, Fernando Suárez, Felipe González, Xabier Arzalluz o Jordi Pujol. Hubo consenso a nivel de la clase política, pero se imponía una palabra: el centro, que era sinónimo de la no ideologización, o un reflejo del apoliticismo heredado del franquismo.

El centro político es una falacia más. El centro es una invención de la derecha para que los trabajadores se sientan cómodos sin tener la necesidad de tener una ideología propia de su clase y que resuelva las necesidades reales de los ciudadanos. El centro fue un concepto necesario para evitar la extrema intromisión de los militares en el nacimiento de nuestra democracia, pero era sólo un concepto, no una ideología. Yo recuerdo que mi abuela me decía que si me preguntaban qué ideas tenía dijera que era apolítico. Ese apoliticismo es el centro. Ni chicha ni limoná. Sin embargo, ¿quién me puede afirmar rotundamente que no tenga una ideología? Yo he escuchado a personas muy cultas en otros ámbitos decir que son apolíticos o que son de centro pero que admiran a la Resistencia Francesa. ¿Eso no es un reconocimiento de tener una ideología de izquierdas? También he escuchado lo contrario, decir que se es apolítico o de centro y pedir la pena de muerte a los etarras. ¿Esa no es una declaración total de que se tiene una ideología conservadora? Por eso el centro es una falacia. O se es de derechas o se es de izquierdas, con todos los matices ideológicos que ello conlleva.

La derecha en España se siente cómoda con esa falta de interés de los ciudadanos por la política o para definir su propia ideología. Ellos tienen claro que en esa indefinición se encuentra su triunfo porque, ¿cómo es posible que haya trabajadores o parados que votan a la derecha? Alguno habrá con ideas conservadoras, pero no millones. Sin embargo, los dirigentes conservadores (en España, ultraconservadores) promueven esa utopía que es el centro y esa falta de interés de los ciudadanos por la política. Les interesa la desafección y la promueven porque ahí está su triunfo. Si todos los ciudadanos vieran las opciones políticas que existen y las analizaran se darían cuenta de que su sitio y su voto está en la izquierda, porque los que sufrimos las ideas liberales o conservadoras de los partidos de la derecha española somos muchos más de los que se están beneficiando de las mismas, tal y como estamos viendo en esta época de crisis, donde los más afectados somos los trabajadores y los pequeños empresarios, mientras que los grandes centros de poder, los poderes fácticos o los poderes empresariales tienen pingües beneficios.

Cuando oigo hablar de partidos de centro-derecha o de centro-izquierda algo en mi interior se rebela, porque es muy probable que con esas expresiones se esté depauperando la ideología, la teoría política y su aplicación a la realidad. El centro se focaliza en la moderación ideológica como un modo de presentarse a los ciudadanos como lo contrario a fascistas o a anarquistas. Otra falacia más. Sin embargo, la derecha siempre ha mantenido a su electorado, independientemente de la moderación, mientras la izquierda que se asociaba a esa falsedad del centro perdía apoyo popular por presentarles como un partido de derecha más. Otra victoria conservadora, como se puede ver. Por eso, tendencias políticas como la socialdemocracia o la democracia cristiana son absorbidas por la derecha real, no de facto pero si en la percepción de los ciudadanos.

El centro es la anestesia de la ciudadanía a la hora de demostrar su ideología, lo mismo que en su momento lo fue la religión, tal y como afirmó Marx. El centro es la principal estrategia de la derecha para no perder cuotas de poder. En los resultados de las primeras elecciones lo podemos constatar. ¿Cuántos diputados tuvo la verdadera derecha, la representada por Manuel Fraga y su Alianza Popular? 16. Si sumamos los que pertenecían a las formaciones que conformaban ese engendro que UCD y que representaban a la derecha, que fueron 17, apenas tuvieron una representación de 33 diputados. Los partidos de izquierda sumaron 142 (PSOE, PCE, PSP, EE), sin contar con los socialdemócratas que estaban en UCD. Esta falta de apoyos no podía aceptarse por quienes piensan que el poder es suyo por nacimiento, tal y como escribió en su momento nuestro actual presidente al referirse a la "gente de bien" como quienes debían llevar las riendas del país.

El centro político es un modo de generar una indefinición ideológica que favorece a la derecha. La creación del centro político es el inicio de la desactivación de la conciencia de clase. Un ciudadano que se declare centrista es un ciudadano que no luchará por sus derechos, que no reivindicará nada porque no tiene nada que reivindicar salvo sus propios intereses personales. Un ciudadano que se declara centrista es capaz de reventar una huelga de sus compañeros de trabajo yendo a su puesto cuando los demás se sacrifican para conseguir unos fines de los que este personaje centrista se aprovechará sin haber dado la cara. Un ciudadano que se declara centrista es un peligro para aquellos que son sus congéneres ya que el día de las elecciones puede variar su voto hacia sus intereses personales y no hacia los intereses colectivos, tal y como vimos en las Elecciones Generales de 2011, donde millones de trabajadores votaron a los que, por naturaleza, deberían ser sus adversarios políticos. Un porcentaje muy alto de esos millones de trabajadores seguramente se declaran centristas.

Hay quien une los conceptos centro político y moderado como sinónimos. Esto no es así ya que el centro político es una utopía que favorece a los centros de poder tradicional. Se puede ser de la izquierda moderada o de la derecha moderada, pero esto no quiere decir que se pertenezca al centro porque el centro político no existe. O se es de derechas o se es de izquierdas. No hay más.

El centro político es una de las falacias creadas por los poderes fácticos, por los poderes que sustentan a la derecha y ésta es enemiga de los intereses de los ciudadanos de a pie, de los que luchan día a día por su supervivencia. Por eso, debemos descartar de una vez esa falacia y desde los partidos de izquierda, sobre todo, potenciar aquello que nunca se debió perder: la conciencia de clase y la defensa de aquello que la derecha nos quiere arrebatar.

EL EFECTO GAMONAL

Dicen que los animales detectan el miedo. No sé si esto será verdad o una leyenda urbana más sobre los comportamientos de la fauna. Lo que sí sé es que si esta afirmación es cierta tenemos un ejemplo muy claro con lo ocurrido en el barrio de Gamonal de Burgos en los últimos días. El ser humano es un animal más, un mamífero que se diferencia del resto de la fauna por su capacidad de tomar decisiones, por su capacidad de pensar de manera racional y sin dejarse llevar por sus instintos. Por ello, lo que está ocurriendo en Gamonal ha despertado el miedo en el gobierno de Mariano Rajoy y en el partido ultraconservador español.

La falta de espíritu movilizador y reivindicativo del ciudadano español hacía que el PP se sintiera cómodo con los atentados perpetrados contra la ciudadanía. Desde Génova pensaban que todos esos atentados contra derechos y libertades iban a ser rechazados por el pueblo con cuatro manifestaciones y tres gritos. Por eso han seguido apretando, por eso han continuado legislando en contra de los intereses de los ciudadanos a los que, en teoría, deberían servir. La coartada sobre la que se asienta la justificación de que no han tenido más remedio que hacer lo que están haciendo porque la crisis económica es muy grave ya no tiene sentido ni sustento. Pero esa falta de iniciativa reivindicativa les hacía sentirse seguros de que, hicieran lo que hicieran desde el gobierno, el pueblo no se iba a rebelar, no iban a tener una oposición firme en la calle.

Desde el extranjero se ve extraño que en un país con un cuarto de la población desempleada, con unas empresas que se aprovechan de las medidas del gobierno y del miedo a perder el empleo para crear esclavos o trabajadores sin derechos y con trabajos precarios, con unos gobernantes envueltos en escándalos de corrupción, con un gobierno absolutamente centrado en beneficiar a las élites y los poderes tradicionales, con un presidente de gobierno que está permitiendo que por lo menos el 10% de la población esté en situación de pobreza extrema, no se hubiera producido ya una rebelión popular o que las calles de este país estén solo ocupadas por pequeñas manifestaciones. Ni siquiera hubo un levantamiento del pueblo cuando en julio de 2011 Mariano Rajoy hizo pública su estrategia de desmantelamiento del Estado del Bienestar y de ataque a los derechos de los españoles.

El pueblo español es un pueblo acomodaticio. Está acostumbrado a callarse y a no enfrentarse a los abusos de los malos gobernantes que históricamente ha tenido. Sin embargo, en los días pasados ha ocurrido algo que puede despertarle: el levantamiento de los ciudadanos de un barrio de Burgos en defensa de su barrio y de la dignidad obrera ante un atropello monumental por parte de un alcaldeególatra vendido a los intereses urbanísticos de un constructor que ya fue condenado por corrupción. Este hecho el Partido Popular no puede permitirlo. No puede permitir que los ciudadanos de este país salgan a la calle a hacer algo más que sacar la pancartita y dar cuatro voces, porque eso tiene el peligro del contagio y de abrirle los ojos a muchos de los que hasta ahora han conformado esa tan valorada «mayoría silenciosa».

El Efecto Gamonal empieza a llamarse. Gamonal, un barrio humilde de una de las capitales más conservadoras de España, va a ser la chispa que prenda la gasolina que el propio Mariano Rajoy y su Gobierno impregnaron las calles al realizar unas políticas que van en contra de los ciudadanos y en favor de los datos macroeconómicos y de la aquiescencia de organismos supranacionales o de la Comisión Europea. Es paradójico el hecho de que la chispa se haya prendido en Burgos y no en otros lugares con mayor tradición de protesta. Muy paradójico pero también muy significativo sobre el hartazgo al que el gobierno de Mariano Rajoy está llevando a los ciudadanos. Más paro, más desigualdad, más pobreza, más hambre, más beneficios para las grandes empresas, más PYMES cerradas, destrucción de derechos y derogación de libertades, derogación de los derechos de la mujer, utilización de los derechos de los españoles como nichos de negocio para empresas afines al PP y un largo etc., son los éxitos del Partido Popular. Es decir, que los éxitos de Rajoy son las desgracias de los ciudadanos; es decir, que el modus operandi del gobierno ultraconservador español es dar la espalda a las reivindicaciones del pueblo en favor de una mejora de los datos macroeconómicos que sólo beneficia a los mercados y los poderosos. Ante este panorama, ¿no es normal que los ciudadanos se rebelen?

El espíritu de las protestas de Gamonal no se encuentra en la construcción de un bulevar o de un parking. Nadie lucha por un parking, del mismo modo en que hace años alguien dijo que nadie provocaba una revolución por una piscina. Ese bulevar o ese parking es la punta del iceberg ya que los propios vecinos son los que reclaman que en vez de gastar millones de euros en una obra que va a empeorar las condiciones de los vecinos, se invierta ese dinero en las verdaderas necesidades del barrio, necesidades que, casualmente, son las mismas que pide el resto de España.

Gamonal debe ser el inicio. Gamonal es el camino a seguir. Ya hemos visto que la movilización ciudadana da mucho miedo al Partido Popular, por eso ensalzan a aquellos que se quedan en casa en vez de protestar, por eso utilizan a sus órganos de propaganda y sus mamporreros mediáticos para desautorizar con mentiras cualquier conato de movilización popular. Lo hemos visto con los que defienden la educación pública, con los que se enfrentan al PP por la defensa de la sanidad pública, con los funcionarios, con los investigadores, con los sindicatos, con... bueno con todos y cada uno de los ciudadanos que salimos a la calle para que todo el mundo nos oiga, para que todo el mundo se dé cuenta de que la imagen de España que da Rajoy cuando va a rendir pleitesía a Obama es falsa, que los datos económicos que da el gobierno son falsos, que la recuperación que ahora se ha convertido en el mantra de los argumentarios impuestos por la dirección del PP a sus militantes y dirigentes es falsa. Todo lo que se refiere a este gobierno es falso y los ciudadanos ya estamos hartos. Gamonal es el comienzo de mostrar al mundo ese hartazgo, tal y como lo llevan haciendo desde las mareas. Hay quien dice que el uso de la violencia desautoriza la protesta. Yo no estoy de acuerdo, como tampoco lo estoy con el uso exhaustivo de aquélla como forma de protesta. Pero esta violencia light se ha producido en Gamonal y en las protestas de Madrid está justificada. Nadie usa armas, nadie ataca la vida de los demás, porque unos contenedores ardiendo no es violencia, no es terrorismo. Es un modo de aderezar el miedo que tienen desde la ultraderecha que representa el PP a la reacción de la calle. El hartazgo puede derivar en quemar contenedores, papeleras o en montar barricadas. Es una reacción lógica. Pero bien valen unos contenedores ardiendo si con ello se consiguen frenar los atropellos a los ciudadanos.

La respuesta a la movilización del Partido Popular de Mariano Rajoy la hemos visto reflejada hoy en el Ayuntamiento de Burgos. Tienen a un barrio y a España entera en contra del proyecto urbanístico que fue la chispa que encendió la reivindicación, y votan a favor de continuar con las obras sin negociar con los vecinos. Estilo de la derecha. Hacer lo que les da la gana para favorecer sus intereses y los de los sectores que los favorecen de espaldas al pueblo y a las verdaderas necesidades del pueblo. La otra respuesta surgió ayer en las redes sociales con un comunicado del PP a sus alcaldes y militantes para defender la actuación del alcalde de Burgos y la obra en Gamonal. Corrió como la pólvora un documento interno que luego resultó ser falso. Sin embargo, las barbaridades y ataques a los ciudadanos que se veían plasmados en dicho documento eran tan reales y la posibilidad de que saliera de Génova 13 era tan alta que a nadie le extrañó. En este documento falso se alababa la docilidad del pueblo español, docilidad de la que el PP se congratulaba.

Sin embargo, la lucha continúa. Gamonal resiste y el pueblo español está con ellos. Por eso la resistencia de Gamonal es la oportunidad que se estaba esperando para poder llevar a cabo una serie de protestas que terminen de encender la mecha de la indignación, del hartazgo y que despierten a un pueblo que estaba dormido y que no debe permitir que sigan atropellando derechos y libertades en favor de intereses particulares o con la idea de imponer su ideología al resto. Con el PP nuestra democracia está en peligro. Con Mariano Rajoy nuestras libertades están en peligro. Con los ultraconservadores gobernando vamos camino hacia un escenario de pobreza extrema y de grandes beneficios para los sectores que apoyan al Partido Popular porque gobiernan para ellos y no para los ciudadanos. Gamonal nos está mostrando el camino. Debemos cogernos de la mano y seguirlo porque será el único modo de terminar con los abusos de la derecha. El Efecto Gamonal debe contagiarse a toda España, ¿aprovecharán los ciudadanos esta oportunidad? Ojalá que sí.

REFORMA LABORAL EN FAVOR DEL CRECIMIENTO

El gobierno de Mariano Rajoy impuso su Reforma Laboral en base a las recomendaciones del FMI y las reivindicaciones de la CEOE. Hizo oídos sordos de las peticiones de los sindicatos y, sobre todo, de las necesidades verdaderas del mapa empresarial español. En la Reforma Laboral de Mariano Rajoy y de su presunta ministra de Empleo se equivocan los términos al buscar la competitividad de las empresas españolas en bajadas salariales, en facilitar el despido al hacerlo casi gratuito o en aprobar los Expedientes de Regulación de Empleo en base a previsiones de pérdidas, en la precarización del empleo, en la eliminación de la protección sindical de los trabajadores al deslegitimar la negociación colectiva o en la búsqueda de salidas económicas que sólo perjudican al trabajador y favorecen al empresario. Es lógica esta visión por parte de alguien que no conoce la realidad del mundo del trabajo, que es un ignorante en el conocimiento del funcionamiento interno de una empresa y en los orígenes de los datos productivos. El presidente es un Registrador de la Propiedad y la presunta Ministra de Empleo pertenece a esa casta empresarial que está anclada en los modelos productivos del siglo XIX. Quiero recordar que el progreso de las naciones se encuentra en los modelos de producción y no en los modelos de especulación.

Sin embargo, las soluciones laborales están en el punto opuesto de la Reforma Laboral y en la generación de un nuevo sistema productivo en el que el Gobierno, tanto el central como el de las Comunidades Autónomas, debe ser el principal valedor.

En principio es importante la generación de un cambio en el modelo productivo español. Una economía fuerte no puede estar basada en un tejido empresarial basada en la PYME, tal y como ocurre en este país. Soportar la estabilidad del empleo en la PYME es poner la soga en manos del suicida o la pistola en manos del asesino. España no ha generado una estructura empresarial basada en la gran industria sino que la está destruyendo haciéndola casi inexistente. La España de Mariano Rajoy está yendo por el camino opuesto a lo que todos los indicadores marcan como camino hacia el desarrollo que es la Investigación y el Desarrollo, ya que las ayudas a este tejido empresarial está siendo masacrado por las medidas de ajuste que nos impuso la Troika para poder salvar al sistema bancario español. Un país con un tejido de industria y en el I+D+I no basado en la PYME puede crear crecimiento. No estoy afirmando que la PYME sea contraproducente con el crecimiento y la creación de empleo. Sin embargo, en un país donde se han ahogado las líneas de crédito empresarial, aspecto fundamental para ese tejido empresarial y su crecimiento, no es posible mantener los cimientos del sistema productivo español.

Durante la burbuja inmobiliaria el sistema productivo español estuvo basado en la construcción. Muchas empresas dejaron su actividad principal para meterse en ese mundo de la especulación salvaje que generó y potenció el gobierno de José María Aznar con sus reformas legales. En el corto plazo se crearon millones de empleos y se generó un crecimiento económico que era la envidia del mundo. Sin embargo, estas medidas fueron la tapa del ataúd para el futuro, tal y como estamos viendo ahora. La industria prácticamente desapareció. Cuando se empezaban a ver las orejas del lobo de la crisis económica se intentó que las empresas, tanto grandes como

PYMES se internacionalizaran. El empresario español buscó todas las ayudas públicas para dicha internacionalización de actividad para realizar un proceso de deslocalización por el cual salieron de este país casi un millón de puestos de trabajo. Si sumamos este millón de empleos enviados a Asia, Europa del Este y Latinoamérica a los más de tres millones que se destruyeron con la explosión de la burbuja inmobiliaria, y al millón que ya había tenemos los cinco millones de parados que con las reformas de Rajoy han llegado a los 6 millones de parados, es decir, más de un cuarto de la población activa. Y sin perspectiva de recuperación porque la inutilidad que están demostrando Rajoy y la presunta Ministra de Empleo en este asunto es de niveles superlativos. Cada retoque que dan a la Reforma Laboral es una sangría de empleos y un acercamiento hacia los niveles de protección de los derechos laborales de Bangladesh o de Vietnam.

Rajoy, la presunta Ministra de Empleo y el Partido Popular cifran la recuperación del empleo en eso que han llamado flexibilidad laboral y que en lenguaje de calle es destrucción del marco laboral y de las condiciones mínimas para tener un trabajo digno. La flexibilidad laboral que preconiza el gobierno y que Ana Botella ha igualado a la invención de la rueda, al descubrimiento de fuego o de la penicilina al afirmar sin ruborizarse que la Reforma del Gobierno es uno de los mayores avances de la Historia de la Humanidad ha sido expresada en el mundo empresarial como un camino hacia la precarización del empleo, hacia la eliminación de derechos de los trabajadores y hacia la generación de un ambiente de chantaje para que aquellos que están desesperados por una situación de desempleo y de acercarse hacia la exclusión social acepten condiciones laborales que en otras condiciones desecharían. Vemos en prensa ofertas de trabajo con periodos de prueba de medio año sin remuneración, con exigencia de aportaciones económicas a los candidatos de estas ofertas o de pago en techo y comida, tal y como ocurría en el siglo XIX.

El Gobierno está obligado a legislar en favor de sus ciudadanos y no en favor de las élites, ya sean empresariales, ya sean económicas, ya sean eclesiásticas. Mariano Rajoy ha olvidado esta obligación y se ha decantado por la necesidad ideológica de defender a esas élites. Durante su gobierno se han eliminado, por lo menos, un millón de puestos de trabajo, cuando él prometió la creación de más de 3 millones. Durante su gobierno se han cuasi derogado los derechos de los trabajadores y el artículo 35.1 de la Constitución donde se afirma que «Todos los españoles tienen el DEBER y el DERECHO AL TRABAJO, a la libre elección de profesión u oficio, a la promoción a través del trabajo y a UNA REMUNERACIÓN SUFICIENTE PARA SATISFACER SUS NECESIDADES Y LAS DE SU FAMILIA, sin que en ningún caso pueda hacerse discriminación por razón de sexo». Las políticas en materia laboral del Gobierno de Mariano Rajoy van en contra de este artículo de la Carta Magna, puesto que, tal y como ha reconocido la Comisión Europea, en España el hecho de tener un trabajo no es sinónimo de estar en una situación de prosperidad o de tener la capacidad para satisfacer las necesidades mínimas de los ciudadanos. Las reformas que ha implementado e impuesto el Gobierno ultraconservador se han traducido en despidos, bajadas salvajes de salarios, creación de empleos precarios y a tiempo parcial. Vemos día a día cómo los trabajadores se humillan para conseguir una limosna o un minijob. Vemos cómo las políticas de Mariano Rajoy y su presunta Ministra de Empleo han generado una bolsa de desigualdad: las empresas aumentan beneficios mientras que los trabajadores pierden capacidad salarial; las empresas del IBEX ganan en competitividad mientras que los trabajadores pierden capacidad salarial; las empresas incrementan ganancias mientras que a los trabajadores se les rebaja el SMI a niveles de un país del Tercer Mundo. El Gobierno está obligado a legislar en favor de sus ciudadanos y las reformas del gobierno de Mariano Rajoy lo que ha creado es una situación similar a la posguerra, donde los ricos eran muy ricos, tanto los protegidos por el Régimen como los ladrones estraperlistas que se aprovechaban de la necesidad de los ciudadanos para llenar sus bolsillos, al igual que ahora.

Mariano Rajoy ha dicho y repetido hasta ser cansino que no ha tenido más remedio que aplicar esas medidas contra su pueblo. No es cierto porque existían y existen otros caminos para recuperar los niveles económicos sin necesidad de fustigar y castigar a los españoles. Citaré algunas que deberían ser la base para la creación de una Reforma Laboral basada en el crecimiento y no en el recorte, porque generando ese crecimiento se genera un mayor índice de ingresos para el Estado y no un incremento de los beneficios de las empresas gracias a la depauperización de las condiciones de los trabajadores.

En primer lugar, es necesario aplicar medidas que aumenten la productividad de nuestras empresas sin renunciar a la calidad y al ofrecimiento del valor añadido. Eso se consigue mejorando las condiciones de los trabajadores. España es uno de los países donde más horas efectivas se dedican al trabajo. Las jornadas laborales en este país son de las más extensas de Europa pero la productividad es muy baja. Hay una figura que el gobierno no se ha atrevido a tocar y es la jornada partida. Los trabajadores españoles comienzan su jornada a primera hora de la mañana y la finalizan al final de la tarde porque el tiempo que se tiene para comer no computa como horario laboral. Un ciudadano español se levanta a las 6 de la mañana, se desplaza a su puesto de trabajo, comienza su jornada a primera hora de la mañana, para para comer un mínimo de una hora, se reincorpora a su puesto, finaliza su jornada y retorna a su casa casi a la hora de cenar. Los trabajadores españoles dedican más de doce horas del día a su trabajo. Por eso, una medida para aumentar la productividad es la eliminación de la jornada partida, tal y como ocurre en países con un mayor desarrollo productivo como Suecia, donde las jornadas a primera hora de la tarde. Está demostrado que la jornada continua, con los descansos previstos en la Ley, aumenta la productividad del trabajador.

En segundo lugar, la rebaja de las cotizaciones a la Seguridad Social para empleos no precarios y a tiempo completo implicaría un aumento significativo de la ratio de recaudación para el Sistema Nacional de Seguridad Social. Es posible que haya algún lector de estas líneas que desconozca que las empresas cotizan aproximadamente un 33% de la base de cotización del trabajador en concepto de Seguros Sociales. Es una reivindicación histórica de la CEOE que estos porcentajes de tributación se bajen pero cargando la diferencia en la cotización que aporta el trabajador. Sin embargo, la rebaja de las cotizaciones por parte del Gobierno sin aplicar las diferencias en el salario del trabajador repercutiría en la competitividad de las empresas españolas, lo que crearía empleo.

En tercer lugar, no es de recibo que un país con un SMI de los más bajos de la Eurozona, se apele a la rebaja salarial para ganar competitividad. La rebaja salarial que propugnan e imponen los empresarios está orientada al mantenimiento de los niveles de beneficios con una productividad menor. Esto es intolerable y Mariano Rajoy y su presunta Ministra de Empleo lo han permitido con su Reforma Laboral.

En cuarto lugar, Mariano Rajoy debe impulsar un sistema donde se premie el empleo estable y de calidad y no la precarización. Estos premios deben ir orientados hacia los incentivos fiscales y en base a la calidad del empleo y a los niveles de contratación neta.

En quinto lugar, Mariano Rajoy y su presunta Ministra de Empleo están obligados, en el entorno de crisis económica y financiera en que nos encontramos, a buscar soluciones para la financiación de PYMES y empresas y no potenciar la creación de nuevas empresas que ya nacen con un fracaso debajo del brazo. La solución al desempleo en España propugnada por el Partido Popular se puede resumir en la siguiente frase: «¿Estás en paro?, búscate la vida y monta tu propia empresa». La apuesta por el emprendimiento es el reconocimiento del fracaso de las políticas de empleo de este gobierno y la incapacidad para generar escenarios de creación de puestos de trabajo. De igual modo que ha sido el Gobierno quien ha conseguido una línea de crédito para rescatar a la banca con el fin de que ésta abriera el grifo del crédito a familias y empresas, debe ser el

Gobierno quien busque líneas de financiación, ya sea en España, ya sea fuera de España.

En sexto lugar, Mariano Rajoy y su presunta Ministra de Empleo están obligados a buscar escenarios de contratación de nuevos trabajadores o de recuperación del empleo perdido. Un modo es hacer retornar las actividades que han sido deslocalizadas por parte de las empresas españolas, del mismo modo en que a partir de 2007 se dio facilidades a los empresarios para internacionalizarse. Éstos aprovecharon las subvenciones que se dieron para extender la actividad hacia mercados externos para hacer lo contrario: no internacionalizaron, sino que deslocalizaron sus actividades, lo que ha provocado que se hayan perdido más de 1,5 millones de empleos. El Gobierno está obligado a retornar estas actividades con políticas relacionadas con el punto dos que hagan atractiva la vuelta de dichas actividades a nuestro país. El ROI de estas políticas de incentivos fiscales es inmediato ya que el Estado recauda desde el mismo momento en que comienza la actividad.

Estas son seis fórmulas que podrían estar dentro de una Reforma Laboral que busque el crecimiento y el beneficio, tanto de trabajadores como empresarios.

Evidentemente, todo pasa por la derogación de la actual, eliminando las facilidades para destruir empleo que la presunta Ministra de Empleo ha impuesto a los trabajadores y que los malos empresarios han acogido con los brazos abiertos, ya que hay empresas que no se están acogiendo a dicha Reforma. Con medidas así sí que se provoca que le economía real se recupere, no la economía de los mercados o los datos macroeconómicos y, a diferencia de la economía especulativa, la recuperación y el crecimiento de la economía real tiene un retorno inmediato en la recaudación estatal y en el mantenimiento del Estado del Bienestar. El planteamiento del Gobierno es que la recuperación de la macroeconomía al final acaba repercutiendo en la economía real, pero en el largo plazo y con las sobras de los beneficios del capital. Esto es posible o no, tal y como lo estamos viendo. Los poderosos y los representantes de ese nuevo capitalismo de la especulación son más poderosos y ricos mientras que el pueblo está empobrecido a niveles de la posguerra.

¿Buscará el Gobierno soluciones para el principal problema de los ciudadanos? Evidentemente, NO, pero debemos luchar para que lo hagan con algo más que unas pancartitas o unas ruedas de prensa.

Sólo luchando, sólo haciendo ver a los sindicatos que la lucha obrera es más necesaria que nunca, lo conseguiremos. Con la pasividad actual los trabajadores quedamos expuestos a las garras del neoliberalismo más salvaje que representa el partido de Mariano Rajoy, el partido ultraconservador español.

LA IRRESPONSABILIDAD DE LA IZQUIERDA

Desde un punto de vista político, el mapa ideológico de cualquier país está dividido en dos partes: la izquierda y la derecha. El centro es una invención artificial que no aplica y que es consecuencia del apoliticismo del pueblo que se generó en el franquismo. Este apoliticismo es peligroso para los intereses del propio pueblo puesto que hay un importante número de ciudadanos que varían su voto en función de muchas variables. Así es el mapa político español, así es la realidad política española, donde quienes son los que deben defender los derechos y los intereses de los ciudadanos ante los intereses de las élites se encuentran con una falta alarmante de espíritu político de defensa de los intereses de clase pasan olímpicamente de la política y tienen una alarmante deficiencia analítica ante lo que unas opciones u otras les ofrecen.

La derecha es un bloque monolítico y quienes tienen un pensamiento conservador se unen bajo unas únicas siglas, bajo las alas de la gaviota. El partido que representa a conservadores, ultraconservadores, liberales y los últimos retazos de la nostalgia franquista tiene un nicho electoral fiel, un nicho electoral que se cifra en una pinza que va desde los 8,5 a los 11 millones de votantes. Eso lo tienen casi garantizado. Si a esta cantidad se unen aquellos que aceptan y acatan los engaños electorales está claro que disponen de una gran posibilidad de hacerse con el poder.

La izquierda es diferente. Siempre está dividida, siempre está en luchas internas basadas en diferencias ideológicas de matiz. Socialistas, comunistas, populistas, internacionalistas, anarquistas, socialdemócratas andan siempre a la greña y son más encarnizados los combates ideológicos entre los propios partidos de izquierda que sus ataques a la derecha. A esto se ha unido el escoramiento a la socialdemocracia del Partido Socialista y su abandono de las políticas socialistas. Hay desunión, hay división en la izquierda. Ya perdimos una guerra por esta falta de unión, mientras que en el otro lado se mueven por un único fin. Mientras en el lado de la derecha se unieron firmemente en torno a la religión, los privilegios y la figura de Franco, en la izquierda se produjeron incluso guerras civiles dentro del bando republicano con purgas de partidos como el POUM o la desarticulación de los anarquistas por el deseo de imponer una visión del izquierdismo sobre los demás.

En los tiempos actuales, con los cambios que se están produciendo en la sociedad y en la política, la izquierda española está volviendo a esa actitud irresponsable de desunión frente a la derecha. El sometimiento por parte de la derecha y de las élites que la soportan a los ciudadanos a una economía de especulación salvaje que les está llevando a la pérdida de derechos que deberían ser inalienables se está produciendo gracias a la desunión de los partidos y movimientos de izquierda. El Partido Popular, heredero de los valores del franquismo, está imponiendo un régimen político que se aleja mucho de lo que es una verdadera democracia al imponer su mayoría absoluta de un modo dictatorial. Se están imponiendo a los españoles medidas, reformas y leyes que están acercando peligrosamente a este país a un régimen dictatorial. Ante esto la izquierda no está haciendo prácticamente nada, salvo declaraciones o poner recursos ante los tribunales. Sin embargo, ni se les ha pasado por la cabeza algo con lo que tendrían la fuerza suficiente para minar tanto en España como en el extranjero las medidas del gobierno ultraconservador y su forma de gobernar antidemocrática: la unión efectiva de todas las fuerzas de izquierda.

Es evidente que hay muchas diferencias ideológicas, sobre todo después del abandono del socialismo en favor de la socialdemocracia por parte del Partido Socialista. Sin embargo, en otro momento de la historia de España en la que hubo necesidad de unión por parte de los partidos de la oposición y con unas diferencias ideológicas mucho más marcadas se logró esa unión con la creación del POD, donde se negoció un programa por el cual se marcó el camino hacia la democracia.

La pérdida del socialismo como camino ideológico por parte del PSOE desde que ganara las elecciones de 1982 ha hecho mucho daño a la izquierda y a las personas progresistas. Somos muchos los que no nos consideramos comunistas pero que vemos que nuestro rango ideológico se va alejando cada día más del propio PSOE. A finales del año 2013 se hizo una Conferencia Política donde se afirmó que el partido había vuelto de donde no se debía haber ido (esto último lo añado yo). Las políticas del último gobierno de Rodríguez Zapatero con la llegada de la crisis y su entrega a los dictados de la Troika echó a mucha gente del entorno socialista y los dejó huérfanos ya que nunca votarían a IU. Esto les llevó a abstenerse propiciando la mayoría absoluta del PP. A esto se unió el no reconocimiento de la importancia del 15M y su impacto en las urnas. Por otro lado, desde partidos del entorno comunista se etiquetó la expresión de "verdadera izquierda", cosa que a mí me revuelve. En otro estadio se encuentran aquellos que estando en el grupo poblacional que es más sensible a votar a la izquierda se entregó a las mentiras del PP dándoles su voto de un modo irresponsable.

Por otro lado, la pérdida de penetración en la población de los partidos tradicionales está haciendo que aparezcan movimientos como el liderado por Pablo Iglesias o el Partido X que lo único que hacen es disgregar aún más el peso del voto de la izquierda. Es decir, más separación, menos peso. No soy crítico con la aparición de nuevos partidos o de nuevas formas de entender la política y, mucho menos, de la aparición de caras jóvenes que tienen una mentalidad mucho más cercana a la realidad del siglo XXI que los políticos que llevan desde la Transición en los órganos de poder. Lo que critico es la oportunidad. Estos nuevos movimientos lo que harán será dar más poder a la derecha. Alguien me podrá decir que también en el PP cuecen habas con la presentación de VOX, ese nuevo partido de corte ultra que golpeará al electorado más cercano al fascismo que es votante del partido de Mariano Rajoy. Sin embargo, eso es una minoría que no afectará en las ratios de votantes genoveses.

Esa actitud suicida de los partidos de izquierda del enfrentamiento cainita es el principio de la derrota ante la unidad de la derecha. Los años de gobierno de Mariano Rajoy están siendo el toque de atención a los ciudadanos incautos que votaron al PP por el embaucamiento del programa falso. Los años de gobierno de Mariano Rajoy son la muestra de cómo la derecha interpreta la democracia cuando tienen mayoría absoluta, es decir, la negación de la propia democracia con el fusilamiento del Estado de Bienestar. Ante esta trituradora de derechos la izquierda se ha metido en una estrategia de inacción provocada precisamente por su desunión y por la no búsqueda de un camino común de lucha contra las políticas neoliberales y ultraderechistas del Partido Popular.

Ahora es el momento de la unión. Ahora es el momento de que los dos partidos principales de la izquierda, PSOE e IU, junto con los movimientos sociales, se sienten a negociar un camino común para enfrentarse a los ultraconservadores genoveses. Quedan apenas dos años para las próximas Elecciones Generales. Aún estamos a tiempo porque la unión de ambos partidos ha demostrado que da resultados positivos para los ciudadanos, tal y como vemos en Andalucía. Los ciudadanos tenemos muchas necesidades, tenemos que recuperar nuestros derechos, pero necesitamos a nuestros políticos progresistas que encabecen esa reconquista de lo que el Partido Popular nos quiere robar. ¿Qué problema hay en que se presentaran juntos a las elecciones tanto autonómicas como a las generales el PSOE e IU? Hay tiempo, vuelvo a repetir. Sólo es cuestión de que se sienten a negociar. Juntos somos más fuertes. Separados le hacemos el caldo al PP.

Terminaré este artículo con unos versos de Raimón que, pasados más de 40 años, son actuales:

> *T'adones, company*
> *No volen arguments,*
> *Usen la força,*
> *T'adones, amic*
> *Tádones, company*
> *Que hem de sortir al carrer*

Junts, molts, com més millor,
Si no volem perdre-ho tot.

REUNIÓN DE PASTORES EN VALLADOLID

Desde la distancia veo las imágenes y leo las crónicas de la Convención del Partido Popular en Valladolid de este fin de semana y mi mente relaciona lo visto y lo oído con otras imágenes del pasado, de ese pasado tan añorado por el PP. Viendo la exaltación al líder me vienen a la mente aquellas concentraciones de Ex Combatientes donde se ensalzaba la figura del dictador sin mirar hacia las verdaderas necesidades. Escuchando las palabras de Mariano Rajoy y sus ataques directos hacia los partidos de la oposición y hacia Alfredo Pérez Rubalcaba mi cerebro no tiene más que recordar a aquel Procurador en Cortes que llamaba a quienes estaban en contra del Régimen «misérrima oposición» solo por el hecho de no pensar como él. Escucho las palabras de María Dolores de Cospedal (yo seguiré utilizando el «de» al referirme a su apellido por mucho que la moleste) donde afirmaba sin rubor alguno que o es el PP o la nada, y se me vienen a la mente aquellos discursos en los que se ensalzaba al Régimen nacido del 18 de julio y se pretendía frenar el proceso hacia la democracia porque era el Régimen o la Nada, era el Movimiento o la vuelta a la confrontación civil entre los españoles. Es preocupante que el partido político que gobierna en España tenga tan poca autocrítica y tanto autobombo. Es preocupante que el partido que gobierna este país se aleje cada día más de las verdaderas necesidades del pueblo. Es preocupante que un gobierno marque sus prioridades en base a sus necesidades electorales en vez de a las de los ciudadanos.

Hay que partir de la base de que tanto el gobierno de Mariano Rajoy como los 40 años de franquismo tienen la misma legitimidad democrática: ninguna. El dictador genocida gallego llegó al poder tras dar un Golpe de Estado para derrocar al gobierno elegido en las urnas por los ciudadanos. Rajoy llegó al poder tras presentarse a las Elecciones Generales con un programa electoral falso, es decir, engañando a los españoles y aprovechándose de aquellos que necesitaban de soluciones a corto plazo porque sus problemas ya eran acuciantes. Esta falsedad es un modo de asaltar el poder no de ganarlo con la legitimidad de las urnas. Por tanto, este gobierno del Partido Popular no tiene legitimidad.

Este sábado se han reunido en Valladolid, una ciudad que no se ha destacado nunca por un espíritu crítico y en la que los ultraconservadores españoles se sienten a gusto. En esta reunión de pastores se ha hablado de todo lo que no interesa a los ciudadanos españoles. Se ha hablado de la unidad del partido, se ha hablado de que el Partido Popular es la única opción política posible en España, se ha hablado de la necesidad de silenciar a aquellos que son críticos. Es decir, que se ha utilizado un discurso similar a las convenciones que en los años del franquismo se utilizaba cuando se reunían los pastores del Movimiento Nacional.

Es muy peligroso para la democracia que la Secretaria General del Partido Popular y Presidenta de una Comunidad Autónoma tenga la caradura de afirmar que o es el Partido Popular o la nada. Es muy peligroso porque es una afirmación de que sólo existe un camino posible, independientemente de lo que los españoles puedan decidir en unas elecciones. ¿Anticipó María Dolores de Cospedal que en caso de una derrota electoral ellos se mantendrán en el poder?

De igual modo es muy peligroso que un Presidente de Gobierno le diga al líder del principal partido de la oposición que no hable. Es un caso más de lo que entiende Mariano Rajoy que es la democracia: un nombre de un régimen político en el que no cree. Él, como ya dejó escrito, cree en las élites y en la mejor disposición para el poder de esas élites, tanto económicas, como religiosas, como políticas. Los medios mamporreros del PP ya están diciendo que lo que le estaba espetando a Rubalcaba no era que se callara, como quedó bien claro que dijo el presidente, sino que le indicaba que ofreciera alternativas, argumento que, por cierto, ya se ha arrogado la ínclita de Cospedal. ¿Qué es lo que se está haciendo desde la oposición desde que se ha aplicado la dictadura parlamentaria del Partido Popular sino presentar alternativas a la política de destrucción del PP? Sin embargo, estos partidos de la oposición, no sólo el PSOE, se encuentran con el muro de la imposición de medidas y reformas, tal y como ya estamos sufriendo los españoles. Reforma Laboral, Ley de Estabilidad Presupuestaria, Ley del Aborto, Ley Wert de Educación, Privatizaciones de la Sanidad, Ley de Pensiones, Recortes en derechos, Derogación de las Libertades Civiles, Ley Mordaza de Seguridad Ciudadana son algunos ejemplos de cómo se puede gobernar de un modo dictatorial dentro de una democracia. Ante todos estos atropellos la oposición no ha hecho más que presentar alternativas que siempre han recibido la negación por respuesta. Entonces, ¿qué es lo que le pedía Mariano Rajoy a Rubalcaba? Exactamente lo que se oyó: silencio y que se suba a su barco. El PP y Mariano Rajoy no quieren alternativas, quieren la aquiescencia pasiva del resto de partidos.

Dice el adagio popular que reunión de pastores, oveja muerta. Eso ocurrió el pasado fin de semana en Valladolid. Es muy grave que se anuncien bajadas de impuestos justo en el momento en que se acercan citas electorales. Es muy grave que se anuncien bajadas de impuestos, precisamente, a partir del año 2015, año en que hay Elecciones Locales, Autonómicas y Generales. Es muy grave que el Gobierno ultraconservador esté permitiendo que los empresarios españoles estén reteniendo la creación de empleo con el fin de aumentar beneficios y comenzar a generar trabajo a partir de 2015, justo en año electoral. Es muy grave que el partido político que sustenta al Gobierno, se felicite de que en España haya millones de personas en pobreza extrema; se felicitan de que en España haya más de 3 millones de niños que solo pueden comer lo que les dan en los comedores de los colegios; se felicitan de que a pesar de bajar la población activa (lo que es grave) la tasa de desempleo siga por encima del 26%; se felicitan de que los pensionistas pierdan poder adquisitivo y que se hayan convertido en el sustento de las familias; se felicitan de que España se haya convertido en un país bicoca a la hora de que los empresarios tengan barra libre para despedir a sus trabajadores de forma casi gratuita aunque sus empresas estén dando millones de euros en beneficios; se felicitan de que los españoles tengamos menos derechos civiles y nos quedemos quietos ante la agresión a una sexagenaria por parte de un policía, y así podría seguir hasta el infinito y más allá. Ellos se felicitan de todo lo anterior. Entonces, ¿estamos gobernados por psicópatas? No en su concepción original, está claro, pero en esa clase de tara psicológica que tienen aquellos que dan la espalda a los problemas reales. En la Convención del PP se han felicitado de la desgracia de los españoles y de esa recuperación económica que sólo está beneficiando a las élites que tanto pondera Mariano Rajoy. Lo estamos viendo con los resultados de la banca que con la situación real de los ciudadanos son casi un insulto.

Reunión de pastores, oveja muerta. Eso es lo que nos espera a los ciudadanos. ¿Lo vamos a permitir?

Si no queremos que se cumpla lo que dijo María Dolores DE Cospedal y sea el PP o la nada, debemos luchar y conseguir que se vayan cuanto antes del poder. Si no lo hacemos, seremos la oveja muerta.

EL FUNDAMENTALISMO DE LAS GENOVESAS

¿Se imaginan ustedes que un kurdo votara a favor del exterminio de los de su raza por parte de Sadam Hussein? ¿Se imaginan ustedes a un comunista chileno votando a favor de Pinochet? ¿Se imaginan ustedes a un refugiado tutsi votando en favor del genocidio en Ruanda por parte de los hutus? ¿Se imaginan ustedes a un demócrata español votando a favor de Falange Española? Sería absurdo, ¿verdad? El tema sería surrealista y cruel. Eso es lo que ocurrió en el Congreso de los Diputados con las mujeres del Partido Popular que votaron en contra de la retirada de la Ley del Aborto de Rajoy y del PP. Ya no es la Ley de Gallardón, es la Ley de todo el PP, tal y como se demostró en dicha votación.

Es totalmente ilógico lo que ocurrió. Cualquier persona de bien debería estar escandalizada. Mujeres votando en contra de los derechos de las mujeres, de sus propios derechos. ¿Acaso estas mujeres están más cómodas con una vuelta a los años del franquismo donde la mujer no era más que un sujeto de segunda categoría, sumisa a los designios de los hombres, eternamente menor de edad y sin ningún tipo de derecho ni libertad? Parece que sí. Durante el franquismo la mujer estaba relegada a un segundo escalón dentro de la escala de derechos. Parece que esas mujeres del Partido Popular anteponen su propio fundamentalismo ideológico a los derechos que la lucha de muchas consiguieron conquistar. Siempre se ha dicho que una mujer machista es peor que el más convencido de los hombres machistas. El ejemplo lo tuvimos en el Parlamento. Mujeres que aplaudían con crueldad y sin disimulo la supresión de derechos que la Ley del Aborto de Mariano Rajoy va a imponer. La foto de mujeres del PP en pie en su escaño aplaudiendo como hoolingans es para hacer reflexionar a muchos y, sobre todo, a muchas.

¿Qué logran esas mujeres con su desprecio a sus propios derechos? Mantenerse en el escaño, no hay más. Anteponer el fundamentalismo católico que impera en su ideología a sus derechos es cruel, es infame, es vomitivo. Lo que quedó claro ayer es que esas mujeres quieren volver a su minoría de edad. Su propio machismo les impone que sean hombres quienes decidan sobre su maternidad. La propia incultura democrática de estas mujeres les hace estar ciegas ante la evidencia de que es la mujer quien tiene que decidir sobre su maternidad y no una ley injusta, miserable y cruel, una ley que viene determinada por las presiones de sectores fundamentalistas que anteponen los presuntos derechos de una célula en formación a los de un ser vivo. Son los mismos que defienden que una mujer embarazada con riesgo de su vida muera antes de abortar.

Da la sensación que existe un odio oculto en el PP hacia todo lo que representa igualdad de derechos entre hombres y mujeres, por no hablar del odio no tan oculto hacia el colectivo LGTB. Ese fundamentalismo del Partido Popular hacia la igualdad de derechos lo vemos también en los continuos atentados hacia las mujeres por parte de otra mujer, de Ana Mato, la Ministra de Sanidad.

Los atentados de Ana Mato contra las mujeres son constantes y en asuntos tan graves como la violencia de género, al querer cambiar el sistema de registrar los casos de terrorismo machista al incluir en las estadísticas a las mujeres que pasan más de 24 horas ingresadas en un hospital. Esto es un apoyo del Partido Popular a los maltratadores. Es lógico, teniendo en cuenta la visión de superioridad del hombre sobre la mujer y la justificación de la violencia. Esta medida es un insulto y una provocación. Quiero recordar que en el mes de junio hubo un repunte de casos de terrorismo machista y la ministra no lo condenó. ¿Por qué? Porque su silencio justifica dicha violencia machista. Será que ella misma es una mujer machista.

Otro atentado contra los derechos de la mujer es la retirada de la cobertura del Sistema Nacional de Salud de los anticonceptivos más modernos, de las píldoras que garantizan a la mujer tener una sexualidad libre sin miedos a un embarazo no deseado. Pero claro, Ana Mato es defensora a ultranza del Método Ongino. Sólo se folla cuando la mujer está en su época no fértil dentro del ciclo de ovulación. A esta eliminación de los anticonceptivos protegidos por el SNS se une la derogación del derecho a abortar de las mujeres que su compañero de Ejecutivo, el troglodita Ruiz Gallardón, ha aprobado en Consejo de Ministros. Se sigue la lógica nacionalcatólica para las mujeres que practican y disfrutan libremente de su sexualidad, dentro o fuera de una pareja estable: si follas y te preñan, te jodes y te aguantas, haber practicado la santa castidad.

Otro atentado contra las mujeres por parte del PP es la medida para que la Seguridad Social cubra los tratamientos de reproducción asistida a las mujeres que convivan en pareja heterosexual, dejando fuera a aquellas mujeres que libremente deciden ser madres independientemente de si son heterosexuales, solteras o lesbianas. ¿Quién coño es Ana Mato para decidir qué mujeres pueden tener acceso a su maternidad? ¿Qué tiene que ver su situación afectiva o su orientación sexual para negar el acceso a la maternidad? La ministra dijo que la falta de varón no es un problema médico. Es decir, que a partir de ahora, las mujeres que quieran se madres tendrán que pasar por el catre, quieran o no quieran. Dentro de la mentalidad nacionalcatólica de Ana Mato y de las mujeres del PP los tratamientos de reproducción asistida son un atentado a la naturaleza. Para ellas deberían estar prohibidos porque no ha sido Dios quien ha obrado el milagro de la procreación. Sin embargo, eliminar el acceso a solteras y lesbianas a los tratamientos de reproducción asistida es una contradicción a su propio modo ya que niegan la creación de nonatos, de esas células que tienen más derechos que las mujeres.

Que Gallardón sea un machista y se haya quitado la careta de progresía que mostró mientras era alcalde o Presidente de la Comunidad de Madrid entra dentro de la lógica. Lo que no entra dentro de la lógica es que desde el sector femenino del Partido Popular se sea aún más machista. Mujeres luchando contra los derechos de las mujeres. Mujeres aplaudiendo que gracias a la Ley del Aborto de Mariano Rajoy y el PP dejarán de ser libres para decidir sobre algo que es tan suyo como la maternidad. Las mujeres del Partido Popular son fundamentalistas y en el Congreso lo demostraron.

COMPRAR LA PAZ SOCIAL

En todo el mundo están sorprendidos de cómo el pueblo español no provoca una revolución como la que estos días se está produciendo en Ucrania tras los destrozos que está haciendo Mariano Rajoy en su pueblo. Para mí esta situación de paz social es una irresponsabilidad por parte de los ciudadanos. La falta de movilización en un país donde más de 3 millones de personas, un 8% de la población, no percibe ningún tipo de ingreso y donde más de un cuarto de la población activa no tiene posibilidad de encontrar un empleo es sorprendente. Da la sensación de que el pueblo español es cobarde y sumiso a los abusos del poder, a los ataques constantes de un gobierno ilegítimo y miserable que se aprovechó de la desgracia de millones de españoles para asaltar el poder con un programa electoral falso y con falsa promesas, un gobierno que está sustentado por un partido político sospechoso de amparar a corruptos. ¿Cómo es posible que en este país las calles no estén ardiendo? La respuesta se halla en la economía sumergida, en esa pequeña economía que está salvando la situación desesperada de millones de españoles.

Los índices de economía sumergida en España alcanzan más de un 25% del Producto Interior Bruto. ¿Cómo es posible que ante esta cifra tan elevada el gobierno no haga nada para frenarla? Muy sencillo, con esa mano ancha el Partido Popular está comprando la paz social porque si se hiciera frente en serio al fraude fiscal, tanto al gran fraude como al pequeño, millones de familias se quedarían sin sus recursos económicos y los índices de pobreza extrema se dispararían. Esto haría que la gente que ahora recibe los golpes de este gobierno mezquino se echaría a la calle a pedir lo que es suyo. Respecto a los grandes defraudadores, ocurriría lo mismo, dado que evitar que las grandes empresas pagaran lo que tienen que pagar provocaría un mayor desempleo y más miseria de la que ya hay.

¿Quién no ha pagado un pequeño trabajo en el hogar sin factura? Como dicen los Evangelios, «quien esté libre de pecado, que tire la primera piedra». Evidentemente, el no pagar los impuestos indirectos que gravan esa pequeña chapuza abarata el coste, pero es una irresponsabilidad y un fraude. Sin embargo, es un fraude comprensible. Con la bajada de salarios que ha promovido este gobierno basándose en una falsa competitividad de las empresas españolas es lógico que busquemos abaratar nuestros costes diarios. En una economía familiar en la que la avería de la lavadora supone un drama porque descabalga un presupuesto que tiene analizados hasta los últimos céntimos es normal que se busque el modo en que esa tragedia económica impacte menos en la economía de supervivencia a la que nos está abocando la política económica que ha impuesto el Partido Popular.

Lo que ya no es tan lógico es la actitud de las grandes empresas y las grandes fortunas. Hay una máxima que dice que los ricos lo son porque no pagan casi impuestos. Ellos se pueden permitir pagar a los grandes bufetes de abogados fiscalistas que bordeen constantemente las delgadas lindes entre el fraude y la ingeniería financiera. En las grandes empresas ocurre lo mismo. En un mundo en crisis económica donde la facturación bruta ha caído, los consejos de administración de estas grandes corporaciones buscan el modo en que sus beneficios netos no caigan. Lo hacen a través de la opresión a los trabajadores con despidos y bajadas salariales salvajes, y por medio del fraude fiscal.

¿Cómo es posible que el gobierno no ataque un problema que supone un impacto de 28 puntos de PIB? Cualquier gobierno serio buscaría el modo de combatirlo. Sin embargo, el Ejecutivo de Mariano Rajoy no hace nada. Es el precio que tiene que pagar para que las calles españolas no se conviertan en algo similar a las calles de Kiev.

España es un país donde somos unos irresponsables en lo referente a la recaudación del Estado. La picaresca española se ve acentuada en lo referido al pago de los impuestos. Esa irresponsabilidad hace que el gobierno de turno tenga que subir impuestos para no bajar la recaudación. Con esto no estoy justificando las políticas del Partido Popular, para nada. Sobre todo teniendo en cuenta que todas las medidas tomadas por Mariano Rajoy y por sus adláteres económicos son injustas y atacan a los mismos, a los trabajadores, a los parados y a las víctimas de sus políticas. Sin embargo, el hecho de que un 28% de la economía española se escape a la Agencia Tributaria es una irresponsabilidad. Estamos hablando de 287.000 millones de euros, cantidad que hubiera hecho que el Estado del Bienestar no se hubiera resentido después de los ataques frontales por parte del Partido Popular.

Es imposible que toda la economía sumergida salga a la luz. Lo hemos visto con la amnistía fiscal de Montoro que apenas sacó a la luz un 10% de lo no declarado. Mariano Rajoy no mueve un dedo. Sus ministros tampoco. Sin embargo, desde el aparato de propaganda del gobierno y de los medios de comunicación mamporreros que lo sustentan, se lanza el ataque hacia el pequeño autónomo y hacia el pequeño fraude. Voy a dar unas cifras que harán pensar a quienes piensan que la economía sumergida la provocan esos pequeños autónomos. Más del 70% del fraude fiscal viene de las grandes empresas o de las grandes fortunas. Lo dicho, los ricos lo son por algo. Las PYMES suponen un 17,05% y los autónomos apenas un 8,5%. Los fraudes no empresariales apenan suponen un 3%. Entonces, ¿quiénes son los responsables de la elevada economía sumergida? Las grandes empresas y las grandes fortunas, es decir, los grandes protegidos por Mariano Rajoy y su partido.

El precio que Mariano Rajoy está pagando por mantener la paz social es más alto que esos 33.000 millones de euros que supone el fraude de pequeños autónomos y de los no empresariales. El precio que Mariano Rajoy está pagando por mantener la paz social está abogando por la impunidad hacia quienes deberían ser el sostén económico de un país en crisis y con un 26% de parados y un 8% de la población en situación de pobreza extrema, sobre todo porque esas grandes fortunas y esas grandes empresas son corresponsables en la generación de esta crisis al pasar del capitalismo de producción al capitalismo de especulación salvaje. ¿A quién debería Mariano Rajoy apretar para que paguen impuestos? Evidentemente a quienes defraudan más 200.000 millones de euros al año. No obstante, Mariano Rajoy no moverá un dedo para que esto ocurra, sino que apretará a los pequeños autónomos o a quienes sin tener trabajo realizan pequeños trabajos a domicilio.

Es el estilo del Partido Popular, un estilo que va en contra de los ciudadanos, el mismo estilo de cualquier régimen autoritario.

LA REALIDAD ES EL APOCALIPSIS

En el Debate sobre el Estado de la Nación ha quedado patente que España está gobernada por un **irresponsable**, por un Presidente de Gobierno que, además de llegar al poder gracias a la mayor estafa electoral de la historia de España, ejerce sus funciones de espaldas a las verdaderas necesidades de sus gobernados. La ecuación Ilegitimidad democrática + gobierno a espaldas de los ciudadanos da un resultado cercano al que saldría del análisis de cualquier dictadura. El triunfalismo y la soberbia demostrada por Mariano Rajoy rayan la desfachatez. Su discurso de la mañana mostraba el argumentario del Partido Popular, un argumentario encaminado a justificar lo injustificable. Toda su dialéctica estaba orientada hacia la rama económica, hacia los datos macroeconómicos. Rajoy se ha querido presentar ante los españoles como un salvador, del mismo modo que se presentan los dictadores ante sus ciudadanos. Él ha salvado la economía española, él ha salvado a España. Y ha sacado datos, sus datos, los datos que le interesa mostrar: recuperación de la macroeconomía, mejora de las exportaciones, descongelación de las pensiones, mejora de la balanza de pagos por cuenta corriente, mejora de la prima de riesgo, mejora del mapa laboral. Todo muy positivo. Sin embargo, esas cifras encierran más mentiras que verdades. Es posible que la balanza haya mejorado, pero no por su gestión, sino por la caída del consumo interno por la situación crítica de la economía real. Es posible que las exportaciones hayan aumentado, pero este incremento está motivado por la bajada de las importaciones. La prima de riesgo ha bajado, pero debido a las medidas tomadas por el BCE y no como consecuencia de sus políticas neoliberales. Las pensiones se descongelan pero pierden poder adquisitivo. El total del discurso de Rajoy ha sido una batería de autoelogios, un ejemplo de onanismo político. Sin embargo, todo lo que ha mostrado es lo más alejado de la realidad.

Por la tarde los grupos de izquierda le han sacado un listado de la verdadera realidad de este país. Más paro, pobreza extrema, peor sanidad pública, millones de españoles sin ningún tipo de ingreso, ley del aborto, reforma laboral que elimina los derechos de los españoles, pérdida de poder adquisitivo de los pensionistas, recortes en educación, política migratoria rayana en el racismo, subidas de impuestos, rescates bancarios, aumento de la deuda, empleo precario, exilio económico de cientos de miles de españoles, desahucios, corrupción y financiación ilegal del PP. Esa es la realidad de millones de españoles, la realidad que se vive en el día a día. Ante este baño de realidad y no de ese mundo maravilloso en el que vive el presidente, Mariano Rajoy ha tenido la desfachatez de espetar a Alfredo Pérez Rubalcaba que ha traído un discurso apocalíptico. Es decir, Mariano Rajoy ha afirmado que la realidad de la calle es el Apocalipsis. Es lógico. La realidad le estropea el discurso triunfalista, por eso es el apocalipsis.

El argumento fundamental del presidente ha sido la recuperación económica. Sin embargo, Alfredo Pérez Rubalcaba o Cayo Lara le han mostrado las verdaderas reivindicaciones de los españoles. Éstos están más preocupados de encontrar trabajo que de la prima de riesgo. En la calle se tiene la sensación real de que el actual Ejecutivo orienta su ejercicio del poder hacia los aspectos de la economía que no afectan a sus necesidades. Como ocurre con cualquier gobierno de la derecha, siempre de espaldas al verdadero interés de la gente. Mariano Rajoy presentó unos datos de recuperación de la economía, pero la realidad le muestra que hay 6 millones de parados, de los cuales casi el 50% no cobra ningún tipo de prestación o no tiene ningún tipo de ingreso. Mariano Rajoy afirma que las exportaciones han aumentado, pero la realidad le demuestra que los beneficios de ese incremento no llega a las empresas españolas que no tienen intención de invertir esas plusvalías en España. Mariano Rajoy enfatizó que las pensiones se descongelaron y que su gestión garantiza que se incrementen año tras año, pero se olvida de un aspecto fundamental en esa revalorización que muestra la realidad de la calle y es que los pensionistas han perdido poder adquisitivo, primero respecto al IPC y, segundo, por las medidas del propio gobierno, como, por ejemplo, la subida del copago farmacéutico en un 1,5%, seis veces más que la subida del 0,25%. Mariano Rajoy habló de la mejora de los niveles de empleo mintiendo, como siempre, ya que sólo toma los datos del paro registrado, datos manipulables por diferentes variables como la no inscripción como demandante de empleo o el exilio económico de cientos de miles de españoles. La realidad la muestra la EPA o los cotizantes a la Seguridad Social, y ahí se demuestra que España sigue destruyendo empleo. La realidad es que se sigue destruyendo empleo, gracias a las políticas laborales del Partido Popular.

Es lógico que la realidad sea el Apocalipsis para Mariano Rajoy. La realidad de la calle demuestra que tenemos un presidente que gobierna para las grandes cifras y se olvida de quienes deben ser los destinatarios directos de las decisiones del gobierno. La realidad le destruye su optimismo y su autoproclamación de salvador de la Patria, por eso es el Apocalipsis.

CEDA – PP: ANALOGÍAS HISTÓRICAS QUE DAN MIEDO

La Confederación Española de Derechas Autónomas fue una gran coalición de partidos de ideología conservadora, ultraconservadora, católica y ultracatólica que se creó con el fin de ganar las elecciones de 1933. Según algunos de sus principales líderes tomaron como modelo al Partido Conservador inglés, pero en su forma de actuar, en su discurso y en las exhibiciones de fuerza popular se asemejaban más a los partidos fascistas alemanes e italianos que a los derechistas británicos. Consiguieron su objetivo y ganaron las elecciones en coalición con el Partido Radical de Lerroux. En la joven República española comenzó lo que los historiadores denominan el Bienio Negro.

La derecha consiguió unificar el destino de los votos conservadores con esta unión además de aprovecharse de la aprobación del sufragio femenino, ya que en esos años la gran mayoría de las mujeres tenían ideas conservadoras. Este periodo es denominado Bienio Negro por los historiadores serios porque la CEDA no hizo nada, simplemente se dedicó a gobernar para las élites económicas y religiosas, destrozando todos los avances democráticos que había introducido el anterior gobierno republicano. Frenaron la Reforma del Ejército, por la que se reducía el número de oficiales; frenaron la Reforma Religiosa, que había dado como resultado una laicización de España; frenaron la Reforma Agraria, por la que los agricultores podían explotar tierras improductivas propiedad de los grandes terratenientes (el conde de Romanones tenía tierras equivalentes a toda la provincia de Guadalajara que no eran explotadas). Además, indultaron a los militares implicados en el intento de golpe de Estado de 1932 encabezado por Sanjurjo.

El descontento del pueblo ante los atentados que le infligía el gobierno conservador derivó en la Revolución Octubre de 1934, principalmente en dos frentes: Asturias, con la sublevación de los mineros y Catalunya, con la declaración de independencia. La revolución fracasó y tuvo unas consecuencias que se podrían calificar de desastrosas para el pueblo: miles de obreros y políticos de izquierda fueron encarcelados o ejecutados; se cerraron periódicos de ideología progresista o nacionalista;

se ilegalizaron partidos nacionalistas de izquierda en Catalunya (Lliga Catalana seguía en activo). La represión hacia la clase trabajadora se incrementó, ayudados por las escuadras de Falange Española que ponían en práctica su dialéctica de los puños y las pistolas.

En 1935 se disolvieron las Cortes y se convocaron elecciones para febrero de 1936. Las causas principales fueron el creciente descontento social que se reflejaba en constantes huelgas sectoriales o generales y, sobre todo, los casos de corrupción de la derecha gobernante. El más sonado fue el del Estraperlo, un juego fraudulento que consistía en una ruleta trucada que fue introducida en los casinos españoles y que fue autorizada por el gobierno gracias a importantes sobornos. Pero había muchos más casos, tanto de corrupción política como de corrupción económica. El resultado electoral dio el poder al Frente Popular, que retomó las reformas democráticas dejando atrás el oscurantismo del Bienio Negro y del gobierno de la CEDA.

La CEDA ganó las elecciones de 1933 el 19 de noviembre de ese año. 78 años después un partido conservador, nacido de la coalición de varios partidos de derecha que englobaban desde el franquismo moderado hasta la democracia cristiana, llegó al poder en España. Y, casualmente, está siendo igual de nocivo para los ciudadanos, para la clase trabajadora, incluso para las clases medias, que el gobierno de la CEDA, ya que, al igual que los cedistas, los populares están destrozando todos los avances democráticos y de derechos que se han ido implantando en España tras la caída del franquismo.

El gobierno de Mariano Rajoy está derogando de forma subrepticia los derechos a la educación y a la sanidad pública que otorga la Constitución de 1978 a todos los españoles. Tal vez tendrá que ver que varios dirigentes actuales del PP pidieron el voto negativo para el referéndum en el que los ciudadanos votaron mayoritariamente a favor de la Carta Magna. Los copagos introducidos por el Ministerio de Sanidad nos retrotraen a épocas en las que sólo disponían de medicinas o de atención médica aquellos que podían pagarlo. Desgraciadamente se está haciendo habitual que muchos enfermos tengan que elegir entre comprar sus medicinas o comprar comida para subsistir.

Respecto a la educación todos conocemos cómo el ministro Wert nos está llevando hacia un sistema clasista donde los pudientes podrán estudiar y los humildes, los hijos de los trabajadores o de los parados, están condenados a la incultura y el analfabetismo, lo mismo que ocurría en los años en que gobernaba la CEDA. Se ha destrozado al sistema de becas, el sistema que proporcionaba igualdad de condiciones entre los pudientes y los humildes; se ha aumentado el precio de las tasas de la universidad pública con la intención de igualar el coste con los que puede tener una universidad privada. Al igual que en el Bienio Negro se están eliminando profesores de las aulas con el fin de conseguir la masificación de los colegios públicos y su derivación hacia los colegios privados dependientes de organizaciones como el Opus Dei o los Legionarios de Cristo. Miles de estudiantes han tenido que dejar sus estudios por falta de recursos y por la imposibilidad de conseguir una beca.

El gobierno de Mariano Rajoy, al igual que el gobierno de Lerroux, apuesta por la represión de las manifestaciones de descontento. Meter el miedo en el ciudadano para que no píe, para que no se haga público el descontento. Desde las filas genovesas se han lanzado mensajes para la regulación de los derechos de manifestación, reunión, opinión y huelga. Es decir, que la intención secreta es la derogación de estos derechos o la implantación de sistemas que dejen a los ciudadanos sin armas con las que luchar contra la opresión del Partido Popular.

Al igual que la CEDA, el Partido Popular está gobernando para las élites, tanto económicas como religiosas. Todo lo que le están robando al pueblo es utilizado para sufragar el rescate a estas élites, sobre todo a la banca. Hablo de robo porque cada recorte del PP es un trasvase del dinero de todos hacia las élites o hacia los mercados de la especulación. Comparando las necesidades de estas élites y los recortes aplicados por Mariano Rajoy, vemos cómo las cifras coinciden. La banca no va a devolver 36.000 millones de Euros del rescate bancario y el gobierno les quita, al menos, 33.000 millones a los pensionistas con su reforma de las pensiones. Se recortan en casi 4.000 millones los presupuestos en educación y se van a rescatar las fracasadas autopistas de peaje de Aznar por un valor que alcanza los 3.500 millones. Se va a reformar la Ley del Aborto con todas las reivindicaciones cretácicas de la Iglesia Católica, dejando a las mujeres sin su derecho a decidir sobre su maternidad. Se ha incluido la religión católica como asignatura dentro del plan de estudios asimilándola en categoría a otras asignaturas como las matemáticas o la lengua española.

Lo mismo ocurre con las élites empresariales. El gobierno de Mariano Rajoy impuso una Reforma Laboral basada en todas y cada una de las reivindicaciones de los empresarios. Esta reforma ha generado un incremento salvaje del desempleo, lo mismo que ocurrió en el Bienio Negro. Se ha producido una devaluación salarial con la excusa de la competitividad cuando el único fin es la devaluación de derechos de los trabajadores y la sumisión de éstos hacia las condiciones abusivas de los patronos. A más precariedad, más pobreza. A más pobreza, más necesidad. A más necesidad, se coge lo que sea, aunque esté rayano a la explotación. En el Debate sobre el estado de la Nación, Mariano Rajoy lanzó una medida según la cual los empresarios pagarían una tarifa plana de 100 euros por Contingencias Comunes para aquellos que creen empleo neto con contratos indefinidos. Una vez publicado el Real Decreto, hemos visto cómo el presidente volvió a mentir y su medida para generar empleo va a ser un nuevo sumidero por el que se van a ir los empleos con mayor retribución en favor de los nuevos contratos con salario más bajo y peores condiciones. Además, para acogerse a esa nueva tarifa plana no va a ser necesario crear empleo neto, simplemente, es necesario cubrir un puesto. En resumen, más presión para los trabajadores que estarán dispuestos a renunciar a parte de su salario con tal de no ser despedidos. La misma presión que ejercían los patronos de los años 30 gracias a las medidas de la CEDA.

Todo son analogías, y estas analogías dan miedo, ya que la CEDA, una vez perdido el poder en 1936 se dedicó a conspirar y a apoyar el Golpe de Estado del 18 de julio de 1936. No sé si Mariano Rajoy va a llegar más lejos, pero un Golpe de Estado se puede dar sin necesidad de recurrir a la fuerza militar, un Golpe de Estado se puede empezar a gestar ganando unas elecciones con un programa electoral falso. Un Golpe de Estado se puede fraguar maniatando la actividad parlamentaria apoyándose en mayorías ilegítimamente ganadas. Un Golpe de Estado se puede forjar colocando a militantes de un partido político en los puestos claves...

Son analogías peligrosas, pero con la ideología conservadora que cree tener la obligación de detentar el poder, son analogías posibles.

REFORMA FISCAL: EL NUEVO ATENTADO CONTRA EL PUEBLO

En anteriores artículos en este periódico ya comenté sobre la deriva caciquil de las medidas de la derecha española en política fiscal. La realidad española en este aspecto es totalmente contradictoria, puesto que la presión fiscal en España es de las más altas de Europa mientras que la recaudación de las Administraciones Públicas es de las bajas de la UE. ¿Cómo es posible esto? Desde el gobierno se culpa a la economía sumergida. En cierto modo tienen razón, sin embargo, el foco lo ponen en el lado equivocado ya que se centran en culpar de esa economía que se escapa del fisco al pequeño autónomo que hace parte de su trabajo sin facturar, en el parado que realiza trabajos para complementar su pequeña prestación o su ínfimo subsidio. Los datos no mienten y del 28% de economía sumergida sólo un 11% de esos 280.000 millones de euros que se escapan de la Agencia Tributaria corresponden a los autónomos y al fraude extra empresarial.

La derecha española no entiende que el verdadero problema tributario de este país es la recaudación, los modos de recaudación, y no el gasto público. No obstante, no es de recibo que aquellos que son los verdaderos favorecidos de las medidas tomadas por Mariano Rajoy sean los principales responsables de esa recaudación tan baja. De los 280.000 millones de euros que se escapan al fisco cada año, más de un 70% corresponde a grandes empresas y grandes fortunas. Nadie hace nada para evitarlo y mucho menos este gobierno. Sus grandes aliados en el mundo empresarial son los primeros que buscan el modo de pagar menos impuestos. ¿Cómo es posible que un trabajador asalariado pague sólo en concepto de IRPF una media del 15% y una gran empresa apenas llegue al 5%? Ocurre esto porque, en primer lugar, esas empresas o esas grandes fortunas disponen de grandes bufetes de abogados tributarios que están rozando constantemente el filo de la navaja. En segundo lugar, porque nadie pone los medios para luchar contra ese fraude. Los propios inspectores de Hacienda reconocen que no se lucha contra el gran fraude porque no tienen medios y les es más fácil luchar contra el fraude de la supervivencia.

Como el sistema tributario español es ineficaz el gobierno de Mariano Rajoy ha encargado a un comité de «expertos» un borrador para realizar una Reforma Fiscal. Teniendo en cuenta el aquelarre neoliberal al que se le ha encargado dicho informe y los antecedentes del Partido Popular en las medidas económicas tomadas desde noviembre de 2011 era casi un secreto a voces que se iba a volver a golpear duramente a quienes son las verdaderas víctimas de una crisis iniciada desde esos mismos centros de poder económico a los que protege el Partido Popular.

El informe de este aquelarre neoliberal no nos ha sorprendido a quienes intuíamos hacia dónde iba a focalizar su objetivo para lograr una mayor recaudación: las clases asalariadas, las rentas bajas o medias, los pequeños empresarios y aquellos que no escapamos al control de la Agencia Tributaria. No se ha buscado una nueva fórmula para aumentar la recaudación sino que se ha hecho una redistribución de los impuestos, un «Tetris» que dé la sensación de que se están bajando los imipuestos a pesar de que los que se van a subir son los más dañinos para las rentas medias/bajas, los que no se pueden evitar pagar o de los que es imposible desgravarse o paliar su imposición.

Los grandes beneficiados de la Reforma Fiscal que hará el gobierno de Mariano Rajoy es un ataque frontal a sus víctimas. Habrá quien me pueda argumentar que sólo se trata de un borrador, de un informe que posteriormente el gobierno modificará. A todos aquellos que piensen así les recordaré cómo el informe de los «expertos» sobre las pensiones fue casi calcado a la reforma impuesta por Fátima Báñez, una reforma que hace perder poder adquisitivo a los pensionistas actuales y recorta las pensiones del futuro. Con la Reforma Fiscal ocurrirá lo mismo. Todas las modificaciones de impuestos van encaminadas a que el peso de la recaudación de las Administraciones Públicas recaiga en las clases medias y trabajadoras, mientras que se posibilita que las grandes empresas o las rentas altas paguen menos impuestos.

Los ciudadanos con rentas bajas tendrán una rebaja en el IRPF. Sin embargo, esta rebaja para estas personas es más propagandística que real, puesto que aquellos que no tienen un alto salario apenas tributan por este concepto. Sin embargo, sí que sufrirán un incremento en su ratio de tributación con la subida del IVA que propone este aquelarre neoliberal. El movimiento de los productos con un IVA reducido o superreducido hacia el 21% es una medida que aumentará el coste de dichos productos en la misma medida para una persona con ingresos de 12.000 euros anuales que para una persona como Amancio Ortega, por poner un ejemplo. Mover productos del 10% al 21% supone una pérdida de poder adquisitivo para las clases más desfavorecidas lo que agravará más la caída del consumo, se cerrarán más empresas, se generará más desempleo y aquellos que son víctimas de la crisis serán quienes paguen más, quienes contribuyan más.

Otro de los atentados neoliberales de este informe hacia las clases medias y bajas es la imposición de una reforma del Impuesto de Bienes Inmuebles. Habrá quien me diga que esa subida afecta también a las rentas altas. En esencia es así, pero el impacto en la economía real de esta medida es muy diferente, dado que los valores catrastales de un porcentaje muy elevado de españoles están muy por encima de los 90.000 euros que se incluye en el informe de los «expertos», por la subida del valor del suelo durante la burbuja inmobiliaria. En un país con una morosidad hipotecaria record, donde las familias no pueden poner la calefacción para poder subsistir, una subida de los impuestos de la vivienda habitual es el tiro de gracia, es un modo de incrementar la desigualdad que está provocando esta crisis.

Los que más se benefician de las medidas propuestas por el aquelarre neoliberal son las rentas altas, al bajárseles el tramo del IRPF hasta el 45%, respecto al 52% actual. También se quiere eliminar el Impuesto del Patrimonio que grava la riqueza neta superior a los 700.000 euros. Además de estas medidas, hay que sumar el escaso impacto en sus rentas respecto a las rentas medias o bajas.

Toda la Propuesta de la Reforma Fiscal es un modo de incrementar la desigualdad. En España seguiremos pagando los de siempre, mientras que grandes fortunas y grandes empresas seguirán defraudando al mismo nivel que en la actualidad. No hay una rebaja de impuestos, como quiere vender el gobierno, sino una redistribución de las imposiciones para que aumente la recaudación. El peso de ese incremento se centra en quienes estamos sufriendo las políticas neoliberales del Partido Popular, los que estamos siendo expoliados con los recortes. Aumentará la recaudación, eso parece claro, pero en base a los impuestos más injustos, como el IVA.

El principal problema para la recaudación, además del fraude de los grandes contribuyentes, es el desempleo y la caída de la población activa en España. Por eso la Reforma Fiscal debe ir encaminada a generar riqueza y políticas sociales, no a cumplir objetivos de déficit que los españoles no hemos acatado.

Otra reforma fiscal es posible, una reforma más justa y encaminada al crecimiento no a la mera recaudación. Sin embargo, el Partido Popular no busca más que proteger a quienes les favorecen con donaciones a su partido olvidándose, una vez más, de los ciudadanos a los que gobierna y sus necesidades reales.

ADOLFO SUÁREZ: LA DIGNIDAD
FRENTE A LA IDEOLOGÍA

El domingo 23 de marzo de 2014 moría Adolfo Suárez, el primer presidente de la democracia española, el hombre que fue el que lideró el profundo cambio de régimen del Estado español que asombró al mundo y que durante muchos años fue un ejemplo para muchas de las transiciones de regímenes dictatoriales hacia democracias que se han producido en el mundo desde los años 70 del siglo XX. En estos días no hacemos más que oír loas a la labor de Suárez, a su perfil de hombre de Estado por encima de su ideología. Sin embargo, muchos de los que ahora le alaban, deberían callar la boca porque son puras antítesis a lo que este hombre significó y simbolizó.

En estas líneas me voy a centrar en un periodo de su presidencia, en el periodo en el que no tenía la legitimidad de las urnas ya que había sido designado por el Rey, en el periodo donde se gestó el actual régimen democrático. En concreto, es importante la etapa que va desde la aprobación de la

Ley de Reforma Política tras el referéndum de diciembre de 1976 hasta la convocatoria de las elecciones de junio de 1977. Ese espacio de más de 6 meses fue el verdadero germen sobre el que se asentó el nacimiento de una nueva democracia, de una democracia que acabaría con los 40 años de dictadura de Francisco Franco.

Adolfo Suárez fue designado Presidente de Gobierno por el Rey el 3 de julio de 1976, tras la dimisión de Carlos Arias Navarro. Fue una conmoción para mucha gente que esperaba que Juan Carlos de Borbón eligiera a una personalidad más cercana a la oposición la que liderara el cambio. Todos aquellos que querían una democracia para España deseaban que el designado fuera José María de Areílza. Sin embargo, no fue así. En aquellos años el Presidente de Gobierno era elegido por el Jefe del Estado tras haber pasado el filtro del Consejo del Reino, quien presentaba una terna de candidatos para que se designara entre ellos al elegido. Con Franco en el poder esto era un trámite. El dictador decidía quién iba a ser el Presidente y el Consejo del Reino lo acompañaba de otros dos candidatos. Una vez muerto el tirano el Consejo del Reino sí que tenía intención de imponer a quién tenía que dirigir al país. El Rey y Torcuato

Fernández Miranda organizaron el modo en que Suárez fuera elegido. No era un nombre incómodo para el Búnker franquista ya que era un hombre del Movimiento, un hombre que había ocupado altos cargos en la dictadura. Torcuato se lo presentó a uno de los Consejeros, Miguel Primo de Rivera, el mismo hombre que defendió la Ley de Reforma Política en el debate parlamentario que acabó con el aparato franquista, como algo necesario. De esa reunión del Consejo del Reino salió una terna formada por Adolfo Suárez, Federico Silva Muñoz y Gregorio López Bravo. Los favoritos para la prensa y para el pueblo, Manuel Fraga y José María de Areílza fueron descartados rápidamente, lo que denotaba el alejamiento del aparato franquista de la realidad, algo que actualmente está volviendo a ocurrir. Fue el día en que Torcuato Fernández Miranda dijo aquellas palabras que entonces eran un enigma: «Estoy en condiciones de ofrecer al Rey lo que me ha pedido». La perspectiva histórica nos hace comprender que lo que el rey le pidió a Torcuato era a Adolfo Suárez en la terna para poder encargarle el paso de la dictadura a la democracia.

Suárez formó un gobierno de gente joven, de gente de su generación y de la generación del Rey. A las críticas y el estupor consecuencia de su designación, se unieron las detracciones al gobierno de «penenes», como se les llamó. Eran todos hombres del Régimen, hombres que fueron valientes, hombres que dejaron su ideología de lado en favor de las necesidades del Estado, en favor de las verdaderas necesidades del pueblo. Eran hombres de derechas que priorizaron la dignidad del buen gobernante a sus ideas. La acción de gobierno estaba determinada, en primer lugar, por la derogación de las leyes franquistas. Sin embargo, ¿cómo iban a derribar el aparato dictatorial cuando los Procuradores en Cortes eran los elegidos a dedo, eran los garantes de la memoria de Franco? Había un proyecto de reforma política heredada del anterior gobierno, redactada por Manuel Fraga, que era un avance pero que se quedaba corta. Torcuato Fernández Miranda redactó a finales del verano del 76 la Ley y se la entregó a Suárez con unas palabras enigmáticas: «Aquí te dejo esto, que no tiene padre». Suárez lo presentó al Consejo de Ministros y entre todos hicieron las modificaciones que generó el texto que fue presentado en las Cortes. El debate fue muy duro, se escucharon graves acusaciones por parte del búnker. Ellos no se dejaron engañar por lo que se presentaba por parte del gobierno. Sabían que esa Ley finiquitaba 40 años de dictadura y no tenían intención de dar su brazo a torcer. La Ley de Reforma Política se aprobó por amplia mayoría y fue presentada a los españoles para que la aprobaran en Referéndum. A partir de ese momento Adolfo Suárez y su gobierno comenzaron a construir la democracia y a derribar el edificio franquista.

A partir de ese momento Suárez comenzó su labor política al margen de la actividad gubernativa. Ante él se encontraba con los altos poderes del Estado que se encontraban en manos de los albaceas de Francisco Franco y que no tenían la más mínima intención de ceder al pueblo lo que les robaron en 1936. Las presiones de personajes como Girón de Velasco o Blas Piñar a la acción de gobierno eran muy fuertes. Por otro lado, Suárez tenía a una oposición al Régimen que se había unido en la Plataforma de Organismos Democráticos, la Platajunta. Suárez se reunió con todos y cada uno de los representantes de esta oposición para conocer sus reivindicaciones y para presentarles su programa de acción. Con todos, salvo con los comunistas. Sin embargo, Suárez era un hombre de Estado. Sabía del desprecio que entre los autoproclamados albaceas de la obra de Franco se tenía hacia los comunistas. Sabía que los militares estaban pendientes del devenir de las medidas del gobierno y que estaban decididos a asaltar el poder si Suárez traicionaba el testamento del dictador. No obstante, Suárez creó una red de contactos con los comunistas a través de las reuniones entre José Mario Armero y Jaime Ballesteros. Esperó a que los españoles refrendaran la Ley de Reforma Política para comenzar a dar pasos firmes y negociar con la Comisión de los 9. Ahí se vio el talante de hombre de Estado, en esas negociaciones. Voy a citar los nombres de quienes conformaban esta comisión: Felipe González y Enrique Tierno Galván (socialistas), Santiago Carrillo (comunista), Francisco Fernández Ordóñez (socialdemócrata), Joaquín Satrústegui (monárquico liberal), Antón Canyellas (democristiano), Jordi Pujol, Julio Jáuregui y Vicente Paz Andrade (nacionalistas). Vemos cómo ahí estaban representadas casi todas las ideologías que se oponían al franquismo y que reclamaban un cambio hacia la democracia. Se negoció cada una de las reivindicaciones de esta oposición y Suárez las aceptó porque vio que era lo mejor para el país, para el pueblo. Por otro lado, esta Comisión de los 9 también tuvo que ceder a pretensiones más audaces con el fin de lograr que España recuperara lo que Franco les había arrebatado en 1936. En paralelo se siguen manteniendo las negociaciones con el PCE hasta llegar a la famosa reunión en el chalet de José Mario Armero entre Suárez y Carrillo. Dos meses después el Partido Comunista es legalizado, lo que provoca una crisis con los militares que podía llegar a tumbar todo el proceso. Suárez sabía que sin todos los partidos políticos legalizados no se podía hablar de una democracia plena, por muchas presiones que hubiera desde el búnker o desde la derecha que representaba al franquismo sociológico (el origen del actual Partido Popular). Era necesario y era casi obligatorio. Suárez resiste a las presiones y se llega al mes de junio de 1975, el momento en que se celebran las primeras Elecciones Generales libres desde febrero de 1936. El éxito de Suárez y del pueblo español lo vimos en la composición de las primeras Cortes, donde gentes tan opuestas ideológicamente como Fraga o Dolores Ibarruri, como Gutiérrez Mellado o Santiago Carrillo, como Felipe González o Gonzalo Fernández de la Mora. Todas las ideologías estaban allí, socialistas, comunistas, liberales, socialdemócratas, democristianos, «neofranquistas».

Adolfo Suárez gobernó hasta junio de 1977 tras la aprobación de la Ley de Reforma Política a golpe de Decreto Ley porque la situación lo requería, además de la necesidad de acelerar el proceso. Era el único modo por el cual el camino hacia la democracia no podía ser obstruido por las Cortes franquistas. Suárez dio derechos civiles a los ciudadanos, finiquitó las instituciones de la dictadura, legalizó a los sindicatos de clase, puso los mecanismos adecuados para la legalización de los partidos políticos sin tener que pasar por el filtro del poder Ejecutivo, recuperó para las nacionalidades históricas su identidad. Habló con todos, negoció con todos, impuso lo que había que imponer por necesidades del país. Escuchó la voz de la calle. Exactamente como ocurre ahora, valga la ironía, donde se legisla a golpe de Decreto Ley para evitar que las decisiones no tengan que pasar el filtro del Congreso, donde no se negocia nada y se impone igual que se haría en una dictadura.

Es evidente que la obra de Adolfo Suárez se quedó corta. Es evidente que no se devolvió a los españoles la posibilidad de elegir el modelo de Estado que se querían aplicar. Es evidente que no se restituyó la dignidad a quienes habían sido las víctimas del franquismo. Es evidente que creó un sistema electoral injusto al aplicar la Ley D'Hont. Es evidente que no se dio el paso hacia la laicidad y la libertad religiosa plena quitando los privilegios a la Iglesia Católica. Es evidente que no se tuvo el valor de dirigir la realidad territorial hacia un modelo federal que reflejara el verdadero escenario de las regiones de España con el fin de finalizar con el centralismo opresivo. Es evidente que Adolfo Suárez le quedaron cosas en el tintero y que su obra dejó algunos debes, pero, tal vez, la situación sociopolítica de la época causara que la obra de Suárez fuera en trampolín hacia un modelo que habría que reformar una vez la sociedad española alcanzara la madurez democrática. Este punto no se quedó demasiado claro y quizá sea la principal tara de su obra.

No obstante lo anterior, Adolfo Suárez fue un político que antepuso la dignidad a su propia ideología. Adolfo Suárez fue un presidente valiente, un hombre osado, que se enfrentó a los poderes fácticos que le presionaban para que la transición hacia la democracia fuera más lenta o estuviera más escorada hacia la derecha, sin tener en cuenta a los partidos de la izquierda. Adolfo Suárez tuvo la valentía de gobernar para todos, no sólo para los «hijos de la buena estirpe», y, sobre todo, tuvo la decencia y la dignidad de dimitir cuando el pueblo español le había dado la espalda. Cuenta el periodista Fernando Ónega que uno de los momentos más duros fue cuando en un semáforo un taxista le retiró la mirada a Suárez. Ahí se dio cuenta que había perdido la confianza del pueblo. Ahora la dignidad política ha quedado presa de las ideologías. Mariano Rajoy antepone las verdaderas necesidades de los ciudadanos a su ideología. Mariano Rajoy no dimitirá porque se dé cuenta que su pueblo le ha dado la espalda. No tiene la dignidad del presidente Suárez.

Gracias, presidente Suárez por abrirnos el camino. Ahora somos nosotros los que tenemos que culminar la marcha, ahora somos los ciudadanos los que tenemos la responsabilidad en nuestras espaldas teniendo en cuenta que quienes nos gobiernan han perdido esa dignidad que él demostró.

Que la tierra le sea leve, presidente Adolfo Suárez.

CARTA ABIERTA A ELENA VALENCIANO

Estimada Elena:

El motivo de esta epístola viene determinado por la necesidad de plantearle algunos aspectos importantes de lo que muchos ciudadanos esperamos de usted y del Partido Socialista Europeo tras la presumible victoria en las Elecciones Europeas del mes de mayo. Hablo de presumible victoria porque es inconcebible otro resultado tras los destrozos que está provocando la derecha europea en las vidas de tantos millones de personas. No creo que haya tanta idiotez como para que los ciudadanos sigan depositando su confianza en quienes les han destrozado la vida.

Somos millones los ciudadanos que esperamos que se retorne al modelo social, al modelo político que priorice la realidad a los datos de la macroeconomía que solo benefician a quienes están dentro de los órganos y de las élites que sacan tajada de las mejoras macroeconómicas dando la espalda de forma obscena a las verdaderas necesidades de las clases trabajadoras o de las clases medias. No es de recibo que las instituciones europeas le hayan dado la espalda a la realidad del día a día para optimizar la realidad de las élites. Necesitamos dirigentes que hagan las reformas económicas necesarias para conseguir la prosperidad partiendo de la economía real y no de la economía especulativa de los mercados. Es necesario frenarles desde las instituciones europeas, tanto económicas como políticas. Esto solo se puede lograr desde una Comisión Europea de izquierdas porque la derecha (Partido Popular Europeo o Partido Liberal Europeo) ya nos ha mostrado cuáles son sus prioridades.

¿Qué es lo prioritario y qué es lo inútil? Lo necesario es que tras la victoria electoral de mayo Europa cambie para hacer ver a los ciudadanos que la UE no es el problema sino que es la solución, no como ocurre actualmente con la complicidad salvaje de la Comisión en la destrucción de la vida y las esperanzas de millones de personas en países como Grecia, Italia, Portugal o España. Es prioritario que la acción de Europa vaya hacia quienes tienen una mayor necesidad de disponer de políticas y de recursos para crecer, para cambiar los modelos productivos, para crear empleo sin necesidad de renunciar a derechos inalienables, derechos que la derecha está alienando con la coartada de la crisis económica, crisis que, por cierto, fue originada en esos mercados de los que la actual Comisión es cómplice. Tras la unificación alemana los esfuerzos de Europa se centraron precisamente en que Alemania no cayera. Ahora es el momento en que la UE no puede permitir que el sur de Europa caiga con la misma intensidad con que defendió a la república germana. Eso sólo lo puede conseguir una mayoría progresista. Eso sólo lo puede conseguir usted y el programa que defiende.

El pasado fin de semana el compañero Martin Schulz afirmó en Madrid algo que es fundamental que se tenga como un mantra, como un mandamiento: «¿Nos abandonaron los votantes o nosotros abandonamos a los votantes?». Me gustaría pensar que se ha aprendido la lección. Me encantaría estar seguro de que el Partido Socialista no va a volver a tener recaídas ideológicas que difieran de la verdadera esencia del pensamiento progresista, tal y como ha ocurrido en muchas ocasiones y que ha provocado que nuestra gente se haya decantado por otras opciones que nada tienen que ver con lo que esperan de sus políticos. Este hecho se ha repetido tantas veces que se hace sustancial el aprendizaje del pasado para no volver a caer en las consecuencias. No me estoy refiriendo sólo a un tema estadístico o de estadística electoral, sino que me estoy refiriendo a las verdaderas consecuencias de ese abandono que en ocasiones el socialismo ha hecho de sus obligaciones morales con los ciudadanos al adoptar medidas propias de la derecha. ¿Nos hemos dado ya cuenta de que esto es intolerable? ¿Nos hemos dado cuenta de que el verdadero camino está precisamente marcado por el socialismo? Querida Elena, solo espero que sea así.

Ha llegado el tiempo de anteponer lo real a la irrealidad de la macroeconomía. Ha llegado la hora de que los socialistas desde Europa generen la prosperidad basada en las personas porque esa prosperidad de los ciudadanos al final repercutirá directamente en los datos de los mercados, en los resultados de los países a la hora de enfrentarse a los mercados para lograr financiación. Un país, una UE, donde los ciudadanos disponen de rentas, de trabajo digno, será igual de fiable de cara a los mercados, o quizás más, que si están condicionados por las políticas de austeridad.

Ha llegado el tiempo de la inversión en el capital humano y de desterrar la generación de beneficios que no calan en la economía real. Ha llegado el tiempo en que desde el Partido Socialista se inicien políticas que prioricen el Estado del Bienestar por encima del Estado Neoliberal. ¿Lo vamos a hacer así? Yo tengo esperanza en que así va a ser porque ya hemos cometido demasiados errores. El crecimiento de los populismos de ultraderecha hace imprescindible ese giro por parte de quienes vais a gobernar. La derecha no se siente incómoda con esta situación ya que el caladero de votos que se van hacia estas nuevas opciones no es el suyo sino el nuestro, y eso es muy grave. Debemos recuperar la confianza con la apuesta hacia la Europa Social.

No nos podemos permitir otra cosa más que plantear un discurso duro con la austeridad, pero un discurso acompañado por hechos, un discurso acompañado del anuncio de medidas que acaben con la deriva austericida de la actual UE, medidas a tomar de manera inmediata como la creación de fondos de ayuda al crecimiento, de creación activa de empleo, de incentivación a la relocalización de las empresas, fondos, que no líneas de crédito.

Ha llegado el momento de demostrar desde Europa que los socialistas somos la solución a tantos problemas derivados de las políticas de la derecha. Ha llegado el momento en que las políticas de progreso tienen que demostrar que están muy por encima de las neoliberales. En este tiempo de pre-campaña has despertado la esperanza en mucha gente con el discurso cercano a los problemas reales del pueblo. Sólo te pido una cosa: una vez alcanzado el poder, no rompas esa esperanza. Estoy convencido de que va a ser así y que la esperanza se va a convertir en realidad.

LA IRRESPONSABILIDAD DEL VOTANTE ESPAÑOL

Quiero dejar claro que este artículo no es un ataque a la libertad de voto de los españoles, simplemente hay cosas que no cuadran. Hay aspectos del talante cainita español que provocan catástrofes, como la que estamos viendo en estos últimos años de desgracias continuas y de eliminación de lo ganado con el esfuerzo, la valentía y la sangre del mismo pueblo que ahora ni se estremece ante la vuelta al pasado más rancio de nuestra historia reciente.

Hay quien dice que en España hay más de 5 millones de imbéciles o de gilipollas que renuncian a conseguir un gobierno orientado hacia las necesidades de los ciudadanos para castigar al principal partido de la izquierda española por sus errores. Yo no estoy de acuerdo con esos calificativos insultantes en aras de la libertad democrática que tienen todos los españoles de emitir el voto que le venga en gana. Es algo propio del carácter hispánico, del cainismo que tanto daño nos ha hecho a lo largo de nuestra historia. El español se siente mucho más feliz castigando que construyendo por lo que en las últimas elecciones hizo lo que se esperaba de él: machacó al PSOE escorando su voto hacia las opciones electorales que son ajenas a la clase obrera o directamente se abstuvo siguiendo las consignas de los movimientos asamblearios del 15M. Por no contar con el incremento del voto nulo. Esto hizo que la derecha llegara al poder con una mayoría absoluta que, tal y como está en su ADN, ha provocado que nuestra democracia se convierta en una dictadura parlamentaria.

Uno de los mayores éxitos de la derecha en nuestro país se halla en el desclasamiento de los trabajadores y de la anulación de su conciencia de clase, además de incentivar el apoliticismo con mensajes populistas en los que se proyecta una asimilación de la clase política a la escoria más inmunda que pisa el planeta. Este desapego les favorece y lo acrecientan. No hay más que ver la cantidad de pequeños partidos y formaciones que están naciendo con el mensaje de «ni de izquierdas ni de derechas» como banderín de enganche. Ya en los años 30 del pasado siglo XX se produjo algo así. Los primeros mítines de Falange Española realzaban precisamente que ellos estaban por encima de las ideologías en favor de la recuperación del Imperio y de la grandeza de España. En Italia ocurrió algo similar. En Alemania Hitler se ganó parte de su aceptación con mensajes similares de desprecio a la clase política. Y el pueblo le creyó con las consecuencias por todos conocidas. En la actualidad España es un país donde muchos ciudadanos se avergüenzan de pertenecer a la clase obrera, al igual que ocurría en el Siglo de Oro donde todo el mundo quería ser hidalgo o aparentaba serlo. La falsa prosperidad creada en la burbuja inmobiliaria tenía entre sus fines el desclasamiento de los trabajadores para que se creyeran dentro de la clase media. Y lo han logrado.

Es increíble que en barrios obreros de Madrid o en las ciudades del llamado «Cinturón Rojo», barrios, ciudades y pueblos eminentemente obreros, sus habitantes hayan depositado el voto en favor de aquellos que jamás defenderán los intereses y los derechos de la clase obrera. Se me revuelven las tripas y me causan hasta ganas de vomitar ver cómo en ciudades como Móstoles, Alcorcón, Leganés o Getafe, ciudades que han prosperado gracias a los gobiernos progresistas, están gobernadas por ediles del Partido Popular, ediles que en algunos casos son forasteros y que están fuera de la órbita de las necesidades de una ciudadanía diferente de los ambientes protegidos y elitistas de los que provienen. Lo mismo ocurre en barrios como Vallecas o San Blas en Madrid.

¿Qué le ha pasado a la clase obrera española? ¿La prosperidad en la que se les quiso introducir y de la que se les creía hacer creer que formaban parte les ha adormecido su conciencia de clase? ¿Cómo es posible que millones de obreros depositaran el voto a quien es su enemigo, a quien representa a las élites que sólo buscan la explotación del obrero para mantenerse en su Olimpo? Spain is different, decían hace años. Esta frase está aún vigente y que Mariano Rajoy esté gobernando con la mayoría absoluta que tiene.

La clase obrera española abandonó las opciones progresistas por sentirse decepcionada por la labor de gobierno del PSOE de José Luis Rodríguez Zapatero. Yo estoy de acuerdo con esa decepción en lo referido a la gestión que se hizo de la crisis y el no anticiparse con medidas adecuadas, con medidas de progreso al pinchazo de la burbuja. Estoy de acuerdo sobre todo por la nulidad de quien tenía que dirigir esas políticas, por la ineptitud de Elena Salgado. Lo que no puedo creerme es que los trabajadores españoles se dejaran las neuronas para votar al PP. ¿Son imbéciles o gilipollas como dicen algunos? Creo que no, que cuando un ciudadano vota no es ni imbécil ni gilipollas. Simplemente, hicieron lo que un buen español hace: castigar donde más duele a quien se quiere castigar. Y esa actitud nos ha llevado a donde estamos actualmente.

Ahora hay una oportunidad de revertir el error, ahora es el momento de que los partidos de izquierda demuestren que son ellos los necesarios para llevar las riendas de Europa para terminar con este austericidio al que la derecha de Rajoy ha dado pábulo y ha destrozado las economías de los países del sur del continente. Los socialistas deben demostrar que están abandonando políticas que se demuestran erróneas para el pueblo, que renuncian a las terceras vías o a la socialdemocracia (modos de entender el socialismo que han demostrado que provocan más catástrofes que beneficios) para retomar su ideología primigenia. Por otro lado, las izquierdas de las órbitas comunistas o eurocomunistas deben dejar de lado ese intento de monopolizar las ideologías de la izquierda porque de este modo hacen más daño que bien y entran en el juego de la derecha de desactivar a quienes les pueden quitar el poder. Estas «verdaderas izquierdas» no son una opción de gobierno, pero sí que son un elemento clave para generar mayorías progresistas fuertes. Sin embargo, para serlo no pueden torpedear de manera salvaje a quien tiene las llaves del poder.

Ya he afirmado que el votante español no es ni imbécil ni gilipollas, pero sí que tiene un punto de irresponsabilidad al utilizar la papeleta como castigo, al abstenerse como castigo, al votar nulo como castigo. Aquellos que pertenecen a las élites a las que protege el PP y para las que gobierna votarán en masa. La clase obrera debe hacer lo mismo, pero no con afán de castigar sino con intención de buscar las propuestas que les protejan del neoliberalismo.

650.000 EMPLEOS: ¿REALIDAD, PROPAGANDA, CAMBALACHE O MENTIRA?

En el pasado fin de semana el Gobierno de Mariano Rajoy, el mismo gobierno que lleva mintiendo a todo el mundo desde que alcanzó el poder o que utilizó la mentira más mezquina para engañar a muchos trabajadores víctimas de la falsa prosperidad creada por el Partido Popular de Aznar como principal argumento de su campaña electoral de noviembre de 2011, anunció que iba a presentar a la Unión Europea una previsión de crear 650.000 empleos netos para finales del año 2015. Esto sería una buena noticia si quien la lanza no estuviera siempre bajo la sospecha por sus constantes mentiras o por su modo artero de presentar la cuenta de resultados de sus medidas. Todo ello aderezado con la propaganda a la que se suman las plumas mercenarias de los medios de comunicación que son afectos al Movimiento.

Si realmente se va a crear tanto empleo en apenas 36 meses, ¿cómo lo van a lograr? El gobierno del

Partido Popular colocando al frente del Ministerio de Empleo a una persona incapacitada para hacer frente al verdadero problema de los españoles que no es otro que el desempleo. Todo lo contrario, las medidas tomadas por Fátima Báñez y avaladas por todo el Gobierno de Mariano Rajoy han convertido al empresariado español en una máquina de destrucción de empleo, en una factoría de triturar empleos en favor del mantenimiento positivo de la Cuenta de Pérdidas y Ganancias. La Reforma Laboral ha demostrado lo que los sindicatos y los partidos de izquierda vaticinaban sobre los efectos esta ley estaban acertados, cuando no se quedaran cortos. La propia ministra ha reconocido que dicha Reforma Laboral no se hizo con la idea de crear empleo. La propia Ministra de Empleo ha reconocido que la destrucción de derechos de los trabajadores, la bajada salvaje de salarios es un éxito de su Reforma Laboral porque las empresas han ganado competitividad. Es un modo miserable de decir a los trabajadores que les están llevando a una situación de semiesclavitud pero por su bien, como la madre que le pega a su niño y le dice que «cuando seas mayor me darás las gracias».

650.000 empleos en un país que no hace más que destruirlos gracias a las políticas del Partido

Popular. Vuelvo a preguntar ¿cómo lo van a conseguir? ¿Precarizando el empleo más de lo que ya es? ¿Manipulando las cifras como han hecho para que el cálculo de la EPA no sea tan negativo? ¿Dando herramientas para que los empresarios contraten a través de contratos de formación no remunerados en vez de contratos indefinidos tal y como se deduce de los datos que da el propio Gobierno donde el porcentaje de contratos de formación suponen un 40% de las nuevas afiliaciones a la Seguridad Social provienen de este tipo de contrato que es el modo encubierto de esclavizar a los trabajadores?

Como no crean empleo, ni tienen intención de crearlo hasta que España se ponga al nivel de Bangladesh o Vietnam en condiciones laborales, tienen que buscar alternativas falsas para poder dar unos mejores datos de desempleo que puedan llegar a engañar a los españoles, tal y como ya hicieron en la campaña electoral. Hay que tener en cuenta que el Gobierno de Mariano Rajoy ha destruido más de un millón de empleos desde que tiene el poder. Sin embargo, esos datos no reflejan otras realidades que hacen que este millón de empleos sea mayor.

La bajada del desempleo que profetiza el Partido Popular y que enarbolan como estandarte la prensa escrita española, prisionera de la propaganda de la derecha, va a estar basada en la manipulación de datos. En primer lugar, han manipulado el modo de cálculo de la EPA al cambiar las tablas con el único fin de bajar las tasas de paro para utilizar los resultados como burda propaganda, sobre todo ahora que estamos en plena época electoral. Imagínense que en medio de un partido de fútbol el equipo local decidiera que todas las faltas, independientemente del lugar del campo en que se produzcan, se sancionaran como penalti. Esta maniobra mezquina es lo que ha hecho el PP con el cambio del modo de calcular la tasa de paro en la EPA. En segundo lugar, aprovecharán que la población activa sigue decreciendo de manera alarmante. Este descenso provoca que los porcentajes de subida o bajada del paro sea menor en el primer caso y mayor en el segundo. A menor población activa, aunque se creen pocos empleos, la subida será mayor por más que los datos demuestren que en España se siguen destruyendo puestos de trabajo. El Partido Popular y sus sicarios mediáticos se acogerán al dato del titular, pero dejarán de analizar la realidad de dichos datos. La salida de trabajadores al exilio económico, el retorno de los inmigrantes que vinieron a trabajar a España en la burbuja inmobiliaria, los jóvenes que vuelven al estudio al no tener esperanza de encontrar un empleo o la desesperanza de los parados de larga duración hacen que la población activa baje. Este descenso de la población activa también es un modo de destruir empleo y si sumamos los puestos de trabajo destruidos desde que gobierna Rajoy a aquellos que por una razón u otra han abandonado la búsqueda de empleo tenemos una cifra que supera los dos millones de personas, de seres humanos, a las que las medidas del gobierno ultraconservador español han dejado en la cuneta.

Hoy hemos conocido los datos de la EPA del primer trimestre de 2014. Los medios de propaganda gubernamentales (ABC, La Razón, RTVE, Telemadrid, Cadena COPE) ya están destacando que el paro ha bajado en 2.300 personas olvidándose de manera obscena de la realidad de los datos: se han destruido más de 180.000 empleos, el número de hogares sin ninguno de sus miembros con trabajo ha aumentado hasta casi los 2 millones, el paro juvenil sube al 55%, la población activa española se ha reducido hasta niveles inferiores al 60% o que el paro de larga duración sube al 61%. Es fácil quedarse con el titular de que el paro ha bajado y hacer propaganda para la campaña electoral del PP y demuestra que estamos ante un tipo de periodismo vendido a la defensa de lo indefendible y pagado de su amo. El desempleo baja porque Rajoy y sus políticas de defensa de los intereses de los empresarios en perjuicio de los derechos de los trabajadores están logrando que la población activa se desplome. A menor población activa, menor índice de desempleo. Son así de miserables.

¿Cómo van a crear 650.000 empleos? Sencillo. Van a manipular los datos hasta niveles obscenos. Van a llamar éxito a la creación de bolsas de subempleo, de minijobs, de precariedad y de explotación en vez de apostar por verdaderas políticas de creación de empleo. Es el gobierno que tenemos, el gobierno de la venta de humo y del esparcimiento de mezquindad.

MARIANO MOURINHO

Todos los aficionados al fútbol sabemos qué podemos esperar de un equipo entrenado por José Mourinho: nada en lo referente al disfrute del juego y una posibilidad de éxito gracias al resultadismo más básico. Cualquier cosa vale para ganar llevando el límite del reglamento hasta sus últimas consecuencias. En algunas ocasiones los equipos de Mourinho han logrado grandes éxitos, equipos con gran tradición pero venidos a menos, tal y como ocurrió con el Oporto, el Chelsea o el Inter de Milán, pero lo más lógico es que los sistemas de liderazgo del portugués lleven a la destrucción de las esencias fundamentales, del respeto y de las tradiciones más arraigadas. Sin embargo, una vez que se consiguen los éxitos Mourinho suele desaparecer. Su egocentrismo no le permite bajar de los altares del éxito logrado.

Haciendo un repaso a las trayectorias de José Mourinho y de Mariano Rajoy podemos ver muchas semejanzas, sobre todo cuando nos referimos a la gestión que el Presidente de Gobierno está haciendo del mayor problema que tienen los ciudadanos españoles: el desempleo. Al igual que Mourinho, el gobierno de Mariano Rajoy busca por cualquiera de los caminos posibles reducir las cifras del paro para poder mostrar resultados, junto con sus sicarios mediáticos, en un gráfico, una tabla de Excel, una slide de Power Point o un discurso (ahora que estamos en campaña electoral, lo harán en sus mítines). Todos recordamos el espectáculo bochornoso que dio el Chelsea de Mourinho en su partido de semifinales de Champions League en el Vicente Calderón. No era un equipo que quisiera ganar, sino que era un equipo que solo pretendía no perder utilizando un sistema defensivo propio de equipos pequeños. Todo vale con tal de que el resultado final sea positivo. La gestión de las políticas activas de empleo de este gobierno es igual que la gestión táctica de Mourinho, y el mayor responsable de esto es su Presidente. Hace un par de semanas, casi coincidiendo con el partido antes citado, se hizo pública la Encuesta de Población Activa del primer trimestre de 2014. Ahí se vio cómo el gobierno de Mariano Rajoy se aferró al resultado en bruto, 2.300 desempleados menos, obviando cómo la población activa bajaba y se constataba que, a pesar de la euforia y de las alharacas propagandísticas de los panfletos de la derecha, la España de Rajoy sigue destruyendo empleo. Sin embargo, Rajoy afirmó que estaba contento con estas cifras, es decir, que demostró lo que muchos pensábamos desde hace mucho tiempo, que el PP y su Presidente están contentos con la desgracia y el sufrimiento de un 26% de la población española. En esta semana hemos visto el dato engañoso del paro registrado. Digo que es engañoso porque no se computan muchas variables: personas que no se inscriben en el INEM, personas que no renuevan su demanda de empleo porque ya tiran la toalla ante la imposibilidad de encontrar un empleo, personas que se ven obligadas a exiliarse porque el gobierno de su país no es capaz de garantizarle un empleo digno con un salario digno que le permita vivir sin necesidad de acudir a la Beneficencia. Todos estos casos están olvidados por este informe del INEM. Pero los propagandistas del Movimiento (tanto los tradicionales como los recién llegados que se han vendido por 725 millones de euros), y el propio Mariano Rajoy le intentan sacar todo el lustre posible. Por cierto, que los mismos que alardeaban de datos, de recuperación son los que durante el gobierno de Rodríguez Zapatero afirmaban que lo normal es que el paro registrado de abril bajara por el efecto de Semana Santa. Ahora estos datos son el reflejo de esa recuperación económica que se han inventado, al menos de esa recuperación que la clase obrera no ve. ¿Dónde estaban el día en que la EPA les dio una bofetada de realidad? No aparecían. Lo mismo que Mourinho, ante los malos resultados se los dirigentes del PP y su Presidente esconden detrás de los Secretarios de Estado, mientras que ante los buenos sacan a relucir su currículum. Siempre hay algún Karanka que se coma el marrón.

Como ya he dicho anteriormente, el modo en que se bajan las cifras del paro no importa. Lo importante es que bajen para poder presumir en Europa y para ganar unos cuantos votos en las elecciones europeas. Mourinho ha ganado títulos, muchos títulos, pero el modo en que los ha logrado son los que van en contra de la esencia del fútbol. Para bajar el número de desempleados Mariano Rajoy se ha entrado totalmente a las exigencias de los empresarios con su Reforma Laboral y ya sabemos que las exigencias empresariales suelen ir en contra de los trabajadores. En las estadísticas del desempleo cuenta por igual un empleo precario que uno digno. En las estadísticas del desempleo cuenta lo mismo un empleo a tiempo parcial que un empleo a tiempo completo. En las estadísticas del desempleo cuentan tanto los empleos temporales que los empleos indefinidos. Esta obsesión por bajar el porcentaje de españoles en situación de desempleo ha originado que se disparen los contratos precarios, temporales y a tiempo parcial, cuando no los contratos de formación sin remuneración alguna para el trabajador, para enterrar de forma definitiva la figura del empleo digno, a tiempo completo e indefinido. Dicen que ahora es lo que hay, que no se les puede exigir a los empresarios un esfuerzo. En cada informe de paro registrado vemos que en España se firman cada mes más de millón y medio de contratos para lograr destrucción de empleo o para pequeñas mejoras, como la última que estaba basada en los contratos temporales de la Semana Santa. Da igual que en España ya no sea sinónimo de supervivencia el disponer de un empleo y Rajoy haya creado la figura del trabajador que se encuentra por debajo del nivel de pobreza. Da igual que los empresarios puedan explotar a sus trabajadores firmando contratos de dos horas mientras que le verdadera jornada laboral es la misma que la de un contrato de 40 horas semanales. Da igual que en un mes un trabajador encadene contratos dentro de la misma empresa. Da igual que se permita a los empresarios dar salarios de miseria, salarios propios de países en desarrollo. Todo da igual. Lo importante es que el porcentaje de parados baje. Lo mismo que los equipos de Mourinho. Da igual el modo, lo importante es ganar a costa de lo que sea. Pondré un ejemplo. El Real Madrid de los 100 puntos en Liga y que marcó 121 goles lo hizo al contraataque, como cualquier equipo pequeño. Sin embargo, lo que queda es que esa Liga superó todos los records. Mariano Rajoy tiene como objetivo acabar la legislatura con menos tasa de paro que la que recogió y para ello hará lo que sea con tal de alcanzarlo. No dudará en que dos millones de españoles tengan que exiliarse; no dudará en que los empresarios puedan explotar a los trabajadores; no dudará en permitir que se paguen salarios de miseria. No obstante, su legado, hasta ahora, es la destrucción de más de un millón de empleos, y no se espera que vayamos a mejor.

Al igual que Mourinho, que va con su currículum por delante (2 Champions con 2 equipos distintos, 7 ligas en 4 países, 4 copas, 2 copas de la liga y 1 Europa League) Mariano Rajoy siempre afirma que la derecha es quien puede conseguir prosperidad porque ya lo hicieron cuando gobernó Aznar. Al igual que Mourinho el palmarés es, en cierto modo, una patraña. Los títulos del portugués están ahí, está claro y eso no es discutible, sin embargo el modo de lograrlos sí que le deja en evidencia. El palmarés del que tanto alardea el PP es el origen de la actual crisis en España, la verdadera herencia que generó todos los desempleados que tenemos actualmente. La creación de la burbuja inmobiliaria fue el origen de la generación de millones de puestos de trabajo. No obstante, ahora que no disponen del sector de la construcción se está demostrando que la derecha española es incapaz de generar prosperidad y empleo para sus ciudadanos. ¿Qué le ocurría a Mourinho cuando no disponía de un equipo competitivo, tal y como le está ocurriendo este año en el Chelsea? Es un fracaso. Pues a Mariano Rajoy le pasa lo mismo.

Sin embargo, sí que hay una diferencia importante entre Mourinho y Mariano Rajoy: el portugués no miente, el portugués siempre va por delante, mientras Mariano se ha revelado como un mentiroso compulsivo y como un cobarde que no da la cara.

EL RETORNO A LA REPRESIÓN

En otros artículos he sido bastante crítico con la acción de los sindicatos españoles. No soy crítico con la actividad que su función en un Estado de Derecho les exige de defensa de los trabajadores frente a los abusos de los empresarios, sin embargo sí que estoy bastante decepcionado por la falta de acción sindical ante los constantes atropellos y ataques que está sufriendo la clase trabajadora con las medidas tomadas por este gobierno cómplice de las ansias de explotación de las élites empresariales. Soy de los que piensa que están teniendo un modo de actuar demasiado light utilizando los métodos de consenso que son propios de una democracia normal, pero que en la situación actual no son eficaces. Soy de los que cree que el único modo de conseguir un mayor número de logros para los trabajadores es la acción a través de huelgas y negociar con el poder que esas huelgas le dan en la mesa de negociación. Soy de los que piensa que dos huelgas generales en una legislatura marcada por los atropellos a los trabajadores son demasiado pocas y que cada vuelta de tuerca a la Reforma Laboral hubiera ameritado un paro general.

Sin embargo, y tal y como se ha publicado en este medio, se están superando demasiadas líneas rojas de criminalización de la acción sindical, de la protesta, de la lucha obrera por parte del gobierno y de otros poderes que deberían ser independientes pero que se han convertido en departamentos del propio Partido Popular. Todo ello sin contar con la alharaca mediática de los órganos de propaganda del Movimiento, es decir, toda la prensa escrita y las cadenas de radio y televisión patrióticas. Superar esas líneas rojas supone una vuelta a los años más duros del franquismo, los años en los que los españoles estaban obligados a afiliarse al Sindicato Vertical, los años en los que se negaba el derecho a huelga, los años en los que se condenaba a sindicalistas a penas de cárcel por defender los derechos de los trabajadores, los años de la represión, de las torturas, de las ejecuciones, los años de los juicios militares para juzgar a quienes luchaban por la libertad y contra la dictadura.

La derecha española actual es heredera del Régimen político de aquellos años y por mucho que se pongan caretas o encalen su presunto espíritu democrático, al final les suele salir el ramalazo autoritario, tal y como estamos viendo con este gobierno del Partido Popular. Esos ramalazos autoritarios los comprobamos en su modo de gobernar, en la forma en que han secuestrado las instituciones colocando a hombres muy afines al PP o a militantes en los puestos clave como la presidencia del Tribunal Constitucional o del Consejo General del Poder Judicial. Un modo de legalizar a priori todas las medidas legislativas de este gobierno que son claramente inconstitucionales. Con estos puestos clave se garantizan la imposición de la injusticia hacia el pueblo soberano. Otro aspecto donde se aprecia el ramalazo autoritario lo vemos en el secuestro del lugar donde reside la soberanía popular, el Parlamento. El Partido Popular utiliza su mayoría absoluta de igual modo que lo haría cualquier falso parlamento de una dictadura, o de una «democracia orgánica», el eufemismo que utilizaba el franquismo para referirse a su modo de gobernar. Con este secuestro el PP ha creado un nuevo sistema político: la dictadura parlamentaria. Imponen sus medidas sin contar con nadie. Hablan de consenso y negociación pero su sentido de estas palabras está orientado más hacia el subirse al carro sin condiciones que hacia un verdadero espíritu democrático.

Este autoritarismo enmascarado por un presunto espíritu democrático de la derecha española lo estamos viendo en las condenas de los jueces hacia las libertades y los derechos de los trabajadores. En estos días han sido condenadas dos sindicalistas, Ana y Tamara, que participaban en un piquete informativo donde alguien, que no está probado que fueran ellas porque no se han presentado pruebas concluyentes, lanzó un bote de pintura a una piscina. La persecución hacia los representantes de los trabajadores por parte del gobierno ultraconservador español se ha visto en el caso de Ana y Tamara. Se las condenó en primera instancia a una pena de 6 meses de cárcel, pena por la que no hubieran entrado en prisión. Sin embargo, la Fiscalía, el brazo armado del PP desde que Rajoy llegó a la Presidencia de Gobierno con el mayor fraude electoral de la Historia de España, recurrió la pena y se les impuso la pena máxima, 3 años y un día. Ana y Tamara tendrán que ir a prisión si no llega el indulto por parte del Consejo de Ministros. Como no son afiliadas al PP, ni son corruptas del PP, ni son antiguos dirigentes del PP, ni son ex ministros del PP, ni son conductores kamikazes, entrarán en la cárcel porque, además, tienen algo a lo que el partido ultraconservador le tiene inquina: ser sindicalista.

Sin embargo, Ana y Tamara no son las únicas. En la España de 2014, en la España del siglo XXI, hay más de 40 sindicalistas inmersos en procesos penales por su participación en los piquetes de las huelgas generales. Las penas que pide la Fiscalía para estos representantes de los trabajadores suma más de 130 años de prisión. Ni siquiera en el famoso Proceso 1001 se pidió tanto castigo. Es decir, que en una democracia la Fiscalía solicita más años de castigo para militantes de organizaciones sindicales legales que las que una dictadura impuso a los dirigentes de sindicatos ilegales. Esta es la realidad del PP. La inquina que tienen a los sindicatos les provoca que quieran superar a sus antecesores.

En España hay una paz social que hace que esta persecución sea exagerada. Todo viene de una estrategia por parte del Partido Popular de criminalizar la protesta ciudadana, la protesta de los trabajadores ante los abusos que este Gobierno les está permitiendo a los empresarios. En España, salvo escasas excepciones, no se está produciendo una violencia en las protestas contra el gobierno ilegítimo de Rajoy y sus medidas. Desde los medios sicarios de la derecha se atiza constantemente a estas protestas, a las manifestaciones pacíficas, a los convocantes.

Todo vale con tal de denigrar la legítima protesta ciudadana. Estos medios del aparato de propaganda de Génova 13, estos medios que han olvidado los códigos deontológicos del periodismo para caer en brazos de la voz de su amo, son los que generan el caldo de cultivo para que cualquiera que salga a la calle para reivindicar los derechos y las libertades de los ciudadanos, para hacer visible los abusos de las élites sobre la clase trabajadora, sea un criminal. Lo hemos comprobado con los escraches, con la persecución a la PAH, a las mareas ciudadanas, a los funcionarios, a los pensionistas. Llaman demagogos a los políticos de la izquierda sólo por el hecho de no subirse al carro de las políticas injustas de la derecha. Han olvidado el código deontológico del periodismo que está basado en 4 puntos:

- Informar de manera veraz, exacta, amplia y oportuna
- Investigar e interpretar y opinar desde el interés público
- Difundir, exigir y defender de manera proactiva los derechos y deberes personales y colectivos

- Fiscalizar con independencia a los poderes del Estado, del mercado y de la sociedad civil

Si usted es lector de cualquiera de los diarios de la prensa escrita española y de algunos de la prensa digital, oyente de las radios patrióticas o telespectador de las cadenas afines al Movimiento se dará cuenta que se han echado a los brazos de la propaganda del PP y se han olvidado de la deontología sobre la que se basa la buena praxis del periodismo. Con los sindicatos, los partidos de izquierda, los movimientos ciudadanos se han sumado a la estrategia de criminalización de la protesta y jalean las medidas represivas que desde el Ministerio de la Gobernación, perdón, del Interior (dirigido por un señor que perfectamente podría haber sido Comisario de la Dirección General de Seguridad), y desde el Ministerio de Justicia (dirigido por uno de los mayores ególatras de la Historia de España).

El objetivo de la derecha española es clara: criminalizar la protesta e imponer el miedo a través de unos sistemas represivos similares, cuando no superiores, a los que impuso Francisco Franco en los 40 años que gobernó. La imposición del miedo o la utilización de la filosofía del miedo es algo muy propio de los gobiernos ultraconservadores. Lo vimos en una de las cunas de la democracia, los Estados Unidos, con el miedo introducido por el ultra George W. Bush que propició que los ciudadanos estadounidenses permitieran la mayor derogación de derechos civiles de su historia en aras de responder a una amenaza inflada desde la propia administración y desde los medios sicarios como la FOX. En España se ha tomado nota de este sistema. Es mejor tener a la población atemorizada por las posibles sanciones, por las posibles condenas a su legítima protesta, que dar una imagen al mundo de las calles llenas de manifestantes solicitando lo que un gobierno con la legitimidad en entredicho les quiere arrebatar. Lo vemos en la nueva Ley de Seguridad Ciudadana, donde el Ministerio de la Gobernación, perdón, de Interior, quiere imponer sanciones tan graves por dar sentido a los derechos fundamentales de manifestación y reunión con el único fin de que los ciudadanos se queden en casa y no protesten. Lo mismo ocurre con los derechos de los trabajadores, como el derecho de huelga y todo lo que conlleva. Hasta el mismo Mariano Rajoy ha apoyado la creación de una ley que regule este derecho. El eufemismo utilizado es la modulación de los servicios mínimos tras el éxito de las huelgas indefinidas en la Comunidad de Madrid. Esta modulación no es otra cosa que la derogación encubierta del derecho a la huelga. Lo mismo que ocurre con la Ley de Seguridad Ciudadana, que no es más que una derogación subjetiva de los derechos constitucionales de los españoles. Ahora la han cogido con Twitter, Facebook y las redes sociales. El execrable asesinato de la Presidente de la Diputación de León a manos de militantes del PP y los condenables comentarios de ciertas personas en las redes sociales han sido la catapulta para la ofensiva del PP contra la libertad de expresión. Eso sí, sólo de aquellos que les atacan a ellos, porque los comentarios de la extrema derecha, de los filonazis, o de los obispos homófobos quedan amparados por la libertad de expresión. Tan condenables son los unos como los otros. No justifico las barbaridades que se han dicho contra la asesinada Carrasco. Sin embargo, siempre la derecha deja de lado a quienes amenazan de muerte a otros ciudadanos anónimos solo por el hecho de pensar de un modo distinto, de pertenecer a otra raza o de tener una orientación sexual. Estos suelen quedar impunes, como ya vimos con la apología del nazismo y del fascismo de los cachorros del PP o con las declaraciones de dirigentes genoveses sobre los derechos de las mujeres o las víctimas del franquismo. Lo que pretende el Ministerio de la Gobernación, perdón, del Interior, es imponer la censura, coartar la libertad de expresión, porque esos comentarios ya están condenados por el Código Penal y no hay más que aplicarlo sin tener que recurrir a la censura previa. ¿Acaso Mariano Rajoy le pidió consejo a Erdogan cuando participó en un mitin islamista en Turquía sobre cómo aplicar la censura en las redes sociales?

Ya es una desgracia que un país moderno esté gobernado por un partido heredero del Movimiento Nacional, pero la democracia permite esto y hay que acatarlo. Lo que no se puede acatar es que ese partido ganara unas elecciones con el mayor fraude electoral de la Historia de España y que gracias a ese fraude lograran una mayoría absoluta que les está permitiendo imponer políticas represivas contra los derechos y libertades que los españoles tenemos reconocidos en la Constitución. Con el PP hemos retornado a la represión del franquismo y, lo que es más grave, sin ningún tipo de oposición por parte de los ciudadanos.

ELECCIONES PLEBISCITARIAS

En las siguientes líneas no voy a hablar de la consulta catalana por más que el título lo pueda parecer. Es un tema que ya me cansa y al que no voy a dedicar más espacio del que termina con el siguiente punto y seguido. El próximo domingo 25 de mayo estamos convocados a una cita electoral fundamental para nuestras vidas, para el futuro que queremos tanto para nosotros como para el resto de españoles. El próximo domingo tenemos la oportunidad, por primera vez en la historia, de decidir qué camino queremos para nuestras vidas porque, por mucho que no se le dé mucha importancia a Europa, por mucho que el Partido Popular quiera negar la importancia de Europa, en estas elecciones debemos elegir entre continuar con las políticas de austeridad que tanto dolor y tanta desgracia están causando o abrir de nuevo la senda hacia la búsqueda de soluciones desde el interés de los ciudadanos y no desde los intereses de los poderes económicos.

La derecha está consiguiendo que la política sea un sub-departamento de la economía. La derecha está logrando que nuestras vidas, que las decisiones de los gobernantes, estén marcadas desde las élites económicas y desde los intereses de los mercados especulativos. A la derecha le interesa que los destinos de los ciudadanos estén regidos por las cifras macroeconómicas puesto que de ese modo sus políticas injustas quedan enmarcadas bajo la coartada de una catarata de datos macroeconómicos que al pueblo no le afecta. Eso se puede evitar el 25 de mayo. Los ciudadanos de a pie somos muchos más que aquellos que se benefician del nuevo rumbo que la política está tomando, por tanto, ha llegado el momento de que nuestros votos erradiquen del mapa a las opciones que van en contra de nuestros intereses, es decir, las opciones conservadoras (democristianos), liberales o ultraconservadoras (Partido Popular español).

¿Por qué me refiero a que estas Elecciones Europeas son plebiscitarias? Simple y llanamente, porque lo son. Los españoles y los europeos debemos decidir cómo queremos que sean nuestras vidas en los próximos cinco años, dado que, por primera vez en la historia, el voto va a tener el valor de que la Comisión Europea sea elegida por el

Parlamento Europeo. Durante 10 años hemos estado gobernados por personajes al menos con el mismo nivel de crueldad que el Partido Popular para con sus conciudadanos. Por eso tenemos la obligación moral de elegir la opción que centre su objetivo político en las verdaderas necesidades del pueblo y no en las necesidades de la élite, necesidades que van encaminadas hacia la reafirmación del elitismo y a marcar más distancia entre los que no pertenecemos a ese club privilegiado por la derecha. Las Europeas de 2014 nos plantea un plebiscito, una disyuntiva: ¿deseamos continuar con los recortes sociales y la austeridad o estamos obligados a avalar con nuestro voto a la izquierda para proteger nuestros derechos sociales y civiles, esos derechos que la derecha nos está arrebatando por motivaciones macroeconómicas? Ese es el plebiscito, esa es la verdadera razón por la que estas elecciones no es una cuestión de nombres, sino que es una elección entre lo que nos causa dolor, desgracia, miseria, hambre y desigualdad o quienes han fortalecido mientras gobernaban el Estado del Bienestar.

Si el Partido Popular gana estas elecciones darán por hecho que los ciudadanos les han dado un aval de sus políticas. Mariano Rajoy y el PP sacarán pecho afirmando que sus políticas de recortes han sido avaladas por los ciudadanos. Nada más lejos de la realidad. Pero el partido ultraconservador español lo verá así ya que su visión limitada de lo que es una democracia sólo aceptan resultados electorales, no ven la realidad. Si el Partido Popular gana las elecciones darán por hecho que el descontento social es sólo una minoría y que el pueblo español avala su forma mezquina de gobernar que beneficia a unos pocos a costa del sufrimiento de la mayoría.

El plebiscito está claro. Votar al Partido Popular es refrendar la Reforma Laboral. Esta medida ha destruido casi 1.500.000 de empleos en apenas dos años y medio y ha dado barra libre a los empresarios para precarizar salarios y condiciones laborales. Gracias a la Reforma Laboral se pretende convertir el mercado de trabajo español en la Bangladesh europea: salarios de miseria, despido gratuito, condiciones laborales próximas a las de cualquier país Low Cost asiático, posibilidad de que empresas con beneficios realicen despidos colectivos. Creo que es una buena razón para no votar al PP.

Votar al Partido Popular es refrendar la Reforma de las Pensiones. Uno de los actos más miserables de este Gobierno puede quedar avalado por los ciudadanos si ganan las elecciones. La eliminación de la revalorización de las pensiones de nuestros mayores es atacar a los más débiles, por mucho que tengan el rostro de cemento de afirmar que las pensiones subirán todos los años. El verdadero objetivo de partido ultraconservador español es la privatización del sistema de pensiones y que sea la banca quien lo gestione a través de planes privados para que no suponga ningún coste al Estado ni a los empresarios.

Votar al Partido Popular es refrendar el mayor ataque a los derechos de las mujeres que se haya visto en la UE desde su creación, derechos que ya estaban consolidados gracias a los gobiernos socialistas. El PP le está quitando a la mujer el derecho a decidir sobre su maternidad, hecho este aplaudido hasta la extenuación por las mujeres de la bancada «popular». El PP está quitando recursos para la lucha contra el terrorismo machista, incluso Mariano Rajoy aún no ha hecho ningún comunicado ni condena en los asesinatos de mujeres por parte de sus parejas o ex parejas. Si eres mujer y votas al PP estarás dando tu aprobación a una organización que no quiere la igualdad de las mujeres y exalta la superioridad intelectual del hombre sobre la mujer.

Introducir en la urna la papeleta del Partido Popular es darles tu aprobación a los recortes en educación, sanidad y Dependencia que los ultraconservadores españoles han perpetrado desde que gobierna Mariano Rajoy. Si les votas les estarás dando tu aquiescencia a que los inmigrantes no dispongan de atención sanitaria, a que se privatice la sanidad, a que se priorice la educación privada, segregadora y en manos de la Iglesia sobre la pública, a que las personas dependientes no dispongan de lo mínimo necesario para vivir dignamente.

Votar a la derecha en estas elecciones supone que apruebas todas las mentiras, que estás de acuerdo en que te mientan con tal de mantenerse en el poder y la ilegitimidad de su gobierno.

Votar al PP es dar voz a quienes están de acuerdo en que la represión es el único modo de tener a los ciudadanos sometidos. Este gobierno está perpetrando el ataque más salvaje que se recuerda en la Europa democrática sobre los derechos y libertades civiles. Si les votas les estarás dando tu aprobación a esta derogación encubierta de las garantías constitucionales en lo referido al derecho de reunión, manifestación, expresión o huelga.

Por eso estas Elecciones Europeas son más que unos simples comicios. Es un verdadero plebiscito en el que los ciudadanos no podemos ser cómplices depositando nuestro voto al partido de Mariano Rajoy, María Dolores de Cospedal, Miguel Arias Cañete o Jorge Fernández Díaz. El plebiscito lo tiene que ganar el pueblo y no las élites. Tú tienes la herramienta: tu voto.

ES LA HORA DE LA CONSULTA Y LA EJECUTIVA NO SE DA CUENTA

Juan Carlos de Borbón y Borbón ha tomado la decisión de transmitir la Jefatura del Reino de España a su hijo Felipe de Borbón y Grecia. Como pueden comprobar se trata de un verdadero ejercicio democrático, valga la ironía. Esta decisión del Jefe del Estado es todo lo contrario a lo que debe ser una democracia, sobre todo porque el origen de la actual Monarquía española se halla en el dedo de Francisco Franco Bahamonde. El sistema utilizado es el mismo que en la Ley de Sucesión de 1947 por el que se designaba a Juan Carlos como heredero del Franquismo. Para entender la verdadera situación democrática de la Jefatura del Estado basta con recordar la falta de legitimidad democrática de dicha institución ya que los españoles no han sido consultados cómo quieren que sea su modelo de Estado. Los monárquicos afirman que el Rey se ganó dicha legitimidad con el Referéndum de 1978 en el que los ciudadanos dieron su apoyo a la Constitución Española, donde se imponía dicho modelo de Estado. En aquellos años finales de la Transición la situación sociopolítica era muy diferente y, que yo sepa, a los españoles se les pidió la aprobación del conjunto de la Carta Magna, donde se les otorgaba derechos que el franquismo les quitó. En medio de esos derechos se les imponía un modo de Jefatura del Estado, la cual no tenía ningún tipo de responsabilidad sobre la realidad, es decir, que los españoles tuvieron que elegir entre la imposición de la Monarquía para no renunciar a derechos y libertades civiles o la no confirmación de la democracia. A los españoles se les consultó entre un régimen democrático con monarca o un tiempo incierto sin él. Por tanto, el voto favorable de los ciudadanos no refrendaba a la Monarquía sino a la democracia. Por eso, la institución que ocupa la Jefatura del Estado tiene exactamente la misma legitimidad democrática que la que tenía Franco: ninguna. Eran otros tiempos.

La España que se estaba construyendo tras la caída de la Dictadura con las reformas del gobierno Suárez y con el proceso constituyente posterior a las Elecciones Generales de 1977, las primeras desde febrero de 1936, es muy diferente a la actual, a la España que es resultado de 39 años de régimen democrático. La sociedad es mucho más madura desde un punto de vista político, a pesar de que se produzcan irregularidades o ciertas formaciones políticas lleguen al poder gracias a fraudes electorales. Sin embargo, la ciudadanía aún no ha sido consultada sobre la Jefatura del Estado. La abdicación de Juan Carlos de Borbón reabre ese debate. Los ciudadanos queremos que se nos consulte si deseamos seguir con una institución inútil desde un punto de vista de la resolución de los problemas reales o estamos dispuestos a avalar un cambio hacia una república democrática. En 1978 a los españoles se nos dio a elegir entre democracia u otra cosa, no se nos puso encima de la mesa la elección del modelo de Jefatura de Estado. Lo que se legitimó en 1978 fue el régimen democrático no la fórmula del Jefe del Estado por mucho que los defensores de la Monarquía quieren vender. Era otra época y era necesario reafirmar el proceso de transición a la democracia. Tampoco era el tiempo en el que se debía discutir entre Monarquía o República. La amenaza de los residuos del franquismo era real. Esos residuos tenían mucho poder, sobre todo, el poder de las armas en el Ejército. El miedo a un nuevo enfrentamiento entre españoles estaba a la orden del día. Muchas veces el proceso se tambaleó por la amenaza del ruido de sables en los cuarteles. Un ejemplo lo tuvimos en el día en que se legalizó el PCE.

Era el tiempo en que había que decidir entre democracia o dictadura. Sin embargo, han pasado casi 40 años. España sigue teniendo como Jefe de Estado al heredero de Franco y se sigue manteniendo la voluntad del Caudillo con la línea sucesoria. Es la hora de que a los españoles se les consulte. Es la hora en que los ciudadanos tienen que decidir lo que quieren, el modelo de Estado que quieren.

La reacción de los partidos políticos a la abdicación de Juan Carlos de Borbón y Borbón ha sido la previsible. El Partido Popular ha elogiado la figura del monarca y ha apostado por la continuidad del sistema. Es lo lógico en un partido conservador heredero del franquismo porque la pervivencia de la Monarquía es, en cierto modo, la pervivencia de la voluntad de Franco. Los partidos, formaciones y movimientos sociales de izquierda también han reaccionado como se esperaba: pidiendo el Referéndum para que los españoles puedan decidir si quieren continuar con la Monarquía o cambiar a una República democrática. Otros partidos que se basan en el populismo o en la ideología fácil de la veleta también han apoyado la continuidad del sistema actual. Sin embargo, lo que es desconcertante y muy doloroso es la actitud del Partido Socialista Obrero Español.

En el PSOE se nos llena la boca al afirmar que somos un partido republicano, o de raíces republicanas. En el PSOE nos enorgullecemos año tras año al homenajear a nuestros militantes que dieron la vida o fueron represaliados por el franquismo. Sin embargo, cuando ha llegado el momento en el que dar el paso al frente, en el que liderar el sentir mayoritario tanto de la gente de izquierdas como de la militancia, nos agarramos a excusas vagas para defender lo mismo que defiende el Partido Popular: la continuidad de la Monarquía. El PSOE es un partido republicano, lo repito a ver si alguien de la Ejecutiva lee este artículo. El argumento del mantenimiento del consenso constitucional es una falacia ya que no es excluyente de preguntar a los ciudadanos cómo quieren que sea el modelo de Estado. Ya no hay dicotomía entre democracia y dictadura. Ya no hay amenazas en los cuarteles. ¿Por qué desde las altas instancias del PSOE se pretende mantener el Statu Quo del 78? Somos muchos los socialistas que nos hemos sentidos traicionados y decepcionados tras este nuevo paso. ¿Qué problema hay en que Alfredo

Pérez Rubalcaba se hubiera posicionado dentro de la tradición del partido? Ninguno. Hubiera sido un recuperar el aliento de la militancia y de la masa de votantes que aún se sienten socialistas, de aquellos que aún siguen fieles. El PSOE está en un proceso de renovación tras los constantes fracasos provocados por alejarnos de los principios del partido. Esta actitud conservadora de apoyo a la continuidad de la Jefatura del Estado aleja al PSOE de sus orígenes, de sus principios.

No se es menos partido de gobierno por apoyar una reivindicación que parte desde una mayoría de la propia militancia. Aquellos que defienden la postura de la Ejecutiva de apoyo a la Monarquía afirman que sí, que el PSOE es un partido de espíritu republicano, pero que no puede ser causante de la ruptura del consenso constitucional. Es una excusa con muy poco peso político. Es la mala excusa de aquel a quien su cónyuge le acaba de pillar en pleno acto adúltero, el clásico «no es lo que parece, cariño». Hay otra corriente de defensores de la Monarquía que afirman, sin rubor alguno, que el PSOE defiende el consenso constitucional como un modo de defensa del sistema democrático. ¿Acaso es antidemocrático que los ciudadanos den su opinión en las urnas? Apoyar desde el Partido

Socialista la celebración de la consulta es, más bien, la culminación de ese consenso porque a los españoles no se les ha preguntado jamás por el modelo de Jefatura del Estado, se le ha impuesto el mismo que diseñó Francisco Franco en la Ley de Sucesión de 1947.

La coronación de Felipe VI se está preparando por la vía de urgencia para que el proceso dure lo menos posible. Se aprobará una Ley Orgánica de Sucesión que deberá ser refrendada por el Parlamento. Sólo espero que la coherencia de los diputados socialistas rompa la disciplina de voto impuesta desde la Ejecutiva, será lo bueno para la democracia y será lo mejor para el partido.

REPÚBLICA SÍ, PERO ¿QUÉ REPÚBLICA?

En estos días en los que la abdicación de Juan Carlos de Borbón y Borbón ha alterado la vida política y ha reabierto el debate sobre el modelo de Estado, una parte de la ciudadanía se ha lanzado a la calle para reclamar el derecho de los españoles elegir sobre dicho modelo, sobre si el pueblo soberano quiere continuar con la Monarquía Parlamentaria o la proclamación de la III República. El debate está ahí, sin embargo, y en el caso improbable de que se produjera el «advenimiento de la República», ¿qué modelo de Estado republicano debería adoptar España? Esta pregunta es importante porque para plantear un cambio en el modelo estatal hay que saber desde un principio hacia dónde se quiere ir para que los ciudadanos tengan una idea de lo que se pide y no quedarse en la dicotomía de «rey o presidente». Quizá este sea el punto débil de quienes pedimos que se modifique la Jefatura del Estado, ya que dejar el debate en un mero cambio de figura sin saber cómo se ejecutará dicha modificación hace que la indecisión o la falta de proyecto concreto provoque una idea de continuismo con lo que hay respecto a lo que muchos españoles pensamos que es un derecho que se nos hurtó en aras del consenso y de la paz tras la muerte del dictador. No presentar un proyecto real de cómo se ha de implementar esa República hará que muchos ciudadanos se queden en la postura de «virgencita, virgencita, que me quede como estoy». Y mucho más con la situación de inestabilidad social originada por la crisis creada por las élites con el fin de abonar la imposición de las políticas neoliberales.

¿Qué modelo de República se plantea? ¿El de Alemania, donde el Presidente de la República tiene el mismo papel testimonial que el que puede tener la Monarquía española? ¿El de Francia, donde el Presidente tiene poderes ejecutivos? ¿El de Estados Unidos, donde tiene casi poderes absolutos? Modelos republicanos hay muchos y prácticamente cada país tiene un modelo propio. ¿Cuál es el adecuado para España? A continuación haré un repaso de algunos modelos y daré mi opinión sobre cuál sería el más óptimo para un país como España.

El Presidente de la República Federal de Alemania, Bundespräsident, tiene poderes prácticamente simbólicos y de representación política. No dispone de poder ejecutivo, poder que reside en el

Bundestag, en el Bundesrat y en el Gobierno Federal. Es decir, que se trata de una figura muy similar a la que representa el actual Rey de España. Aunque dispone de algunos poderes políticos, éstos están muy limitados. Pondré un ejemplo: el Bundespräsident puede negarse a firmar una ley si tiene dudas de su constitucionalidad, sin embargo, tanto el Bundestag, como el Bundesrat, como el Gobierno Federal puede impugnar dicha decisión ante el Tribunal Constitucional. En caso de que éste reafirme la constitucionalidad de la ley, el Presidente se verá obligado a dimitir o a firmarla.

El Presidente de la Republica Francesa, a diferencia de la mayoría de los Jefes de Estado europeos, tiene bastantes poderes, a pesar de que el Primer Ministro y el Parlamento ostenten la gran mayoría de los poderes ejecutivo y legislativo. Quizá su competencia más importante es la de la elección del Primer Ministro (el Presidente del Gobierno). El Presidente de la República Francesa puede, entre otras cosas, disolver la Asamblea, promulgar leyes tras la aprobación del Parlamento (en los momentos de cohabitación, cuando el partido mayoritario en la Asamblea es distinto del que pertenece el Presidente, se pueden producir discrepancias, como las ocurridas durante la primera cohabitación, cuando François Mitterrand se negó a promulgarlas), puede vetar leyes para consultarlas al Tribunal Constitucional, preside todas las semanas el Consejo de Ministros y los Consejos Estratégicos, dispone de lo que en Francia se llama «Fuego Nuclear». Desde el año 2000 es elegido por sufragio universal.

El Presidente de la República Italiana tiene también un papel de representación sin apenas funciones ejecutivas. Es elegido por el Parlamento por un periodo de 7 años, cuando lo habitual oscila entre los 4 y los 5 años.

Estos son los modelos más importantes de Europa. Podría entrar a analizar al Presidente de los Estados Unidos como ejemplo de República presidencialista, pero tiene tanto poder acumulado y es, a mi modo de ver, un modelo no aplicable en Europa que no me detendré mucho en ello.

Hay que reclamar la República como el modelo de Estado más democrático, ya que la Monarquía, por mucho que sus defensores afirmen que fue legitimada en el Referéndum de 1978, no fue votada por los españoles, más bien fue metida con calzador junto con la legalización de los derechos civiles y ciudadanos de la Constitución. Los españoles votamos (yo no, tenía 4 añitos) el texto constitucional, no el modelo de Estado. Fue un «trágala» en toda regla. O monarquía o no hay Constitución. Era otra época, era otro momento histórico. El ruido de sables resonaba con cada nuevo avance hacia la democracia, los poderes fácticos del franquismo disponían de mucha influencia y podían tirar al traste todo el viaje hacia la democracia. Por eso se buscó la solución que no generara ningún enfrentamiento entre españoles: aceptar la voluntad de Franco en la Jefatura del Estado, no ponerla a discusión, no someterla a la votación de los españoles e incluirla dentro de la Constitución que todos los ciudadanos refrendaron en 1978. Los tiempos han cambiado y ha llegado el momento en que los españoles ejerzamos el derecho de elección de modelo de nación que queremos que se nos hurtara para favorecer la paz.

¿Qué modelo sería el más adecuado para España? Personalmente creo que el ideal sería el francés, esa bicefalia entre el Jefe del Estado y el Gobierno en un país cainita como el nuestro sería la solución para resolver las deficiencias democráticas actuales. En caso de haber cohabitación el propio Jefe del Estado sería quien controlara la acción de gobierno evitando los desmanes de una mayoría absoluta o de la imposición de una dictadura parlamentaria como la que está ejerciendo el Partido Popular en la actualidad. Dar poderes al Presidente de la futura República Española sería la profundización en el espíritu democrático y la reafirmación de la soberanía popular. Los otros modelos europeos sería un cambio de figura pero no afectaría a la vida política: el Presidente sería tan inútil como el actual monarca en lo referente a la vida política. Evidentemente, la elección de dicho Presidente sería por sufragio universal con una limitación de mandatos y no elegido por el Parlamento, como ocurre en Italia.

Sin embargo, el cambio de Jefatura de Estado también lleva a la modificación del modelo de Estado, sobre todo en lo concerniente a los modos de elección de los parlamentarios y a la política territorial. Evidentemente el cambio sería profundo y la apuesta debe ir orientada hacia el federalismo, pero ese es otro debate.

Artículos en *Diario Progresista*

SI FRANCO LEVANTARA LA CABEZA...
SONREIRÍA

Un 20 de noviembre murió el dictador y genocida Francisco Franco Bahamonde. Un 20 de noviembre fue fusilado en la cárcel de Alicante el ideólogo y líder de Falange Española, José Antonio Primo de Rivera. Un 20 de noviembre el Partido Popular ganó las Elecciones Generales con un programa electoral falso. Fue el inicio de una época de destrucción de todas las conquistas que los españoles conseguimos desde la muerte del tirano. Ese 20 de noviembre de 2011 comenzó una regresión, una vuelta al pasado que va consumándose dolorosamente.

España es un país donde la extrema derecha no tiene un partido político que la represente tal y como ocurre en otros países donde, incluso, tienen mucha fuerza e influencia o gobiernan. El ejemplo lo tenemos en Francia con Marie Le Pen. ¿Por qué no se da este fenómeno en España? La respuesta no sorprenderá a nadie ya que la extrema derecha española está incluida dentro del propio partido que actualmente gobierna este país. La organización genovesa nació como canalizadora de lo que en la Transición se llamó el «Franquismo Sociológico», es decir, políticos que sin renunciar a sus ejecutorias en el Régimen no llegaban a la radicalidad de personajes como Girón de Velasco o Blas Piñar en la defensa de los valores del 18 de julio de 1936. Alianza Popular nació como canalizadora de ese tipo de franquismo que todavía está vivo en una parte importante de los dirigentes y militantes del Partido Popular. Cabe recordar a los fundadores, los llamados «7 magníficos», casi todos ministros con Franco: Manuel Fraga Iribarne, ministro de Información y Turismo y ministro de la Gobernación en el primer gobierno de la Monarquía; Licinio de la Fuente, ministro de Trabajo entre 1936 y 1975 y Vicepresidente del Gobierno con Arias Navarro; Cruz Martínez Esteruelas, ministro de Planificación y Desarrollo y ministro de Educación y Ciencia en los gobiernos de Arias Navarro; Federico Silva Muñoz, ministro de Obras Públicas entre 1965 y 1970, el hombre que estuvo a punto de hundir la estrategia del Rey y de Torcuato Fernández Miranda en la elección de Adolfo Suárez tras la dimisión de Arias Navarro en 1976 al ser incluido en la terna del Consejo del Reino con la casi totalidad de los votos, cosa que no ocurrió por la marcha atrás en el último momento de Miguel Primo de Rivera; Laureano López Rodó, ministro en distintas carteras desde 1965 a 1974 y representante principal del sector del Opus Dei dentro de las instituciones franquistas; Enrique Thomas de Carranza; Gonzalo Fernández de la Mora, ministro de Obras Públicas desde 1970 a 1974. Uno de los principios fundacionales de Alianza Popular fue la unión de fuerzas que fueran partidarias de una democracia de corte europeo que frenase el avance social del marxismo y del separatismo. Como vemos esto no ha cambiado mucho con el paso de los años. Este es el germen sobre el que se sostiene el actual Partido Popular. Nació del franquismo y sigue representándolo en algunos aspectos queriendo enmascararlo dentro de ideologías como el liberalismo o la democracia cristiana.

Como lo llevan dentro y son herederos de quien son herederos, las pátinas liberales o democratacristianas va desapareciendo a medida que van pasando los meses de gobierno con mayoría absoluta. La caspa franquista les está saliendo poco a poco y, lo peor, es que aún quedan dos años de legislatura. El Partido Popular confunde los términos y confunde esa mayoría absoluta con el autoritarismo y lo estamos viendo, y sufriendo, en su forma de gobernar: destrucción de todos los derechos constitucionales. Lo están haciendo, además, con la coartada de la crisis económica, crisis que ellos mismos generaron plantando la semilla al crear la burbuja inmobiliaria en el gobierno de José María Aznar. Con la Ley Wert, aprobada en solitario con el rechazo total de todas las fuerzas políticas democráticas y de casi la totalidad de la ciudadanía tenemos un ejemplo claro. Otro ejemplo lo tenemos con los intentos de los gobiernos genoveses en las Comunidades Autónomas de privatizar la Sanidad Pública creando un Sistema Nacional de Salud que prioriza los intereses empresariales y personales de exdirigentes del Partido Popular a la salud de los ciudadanos. Lo mismo han hecho con la Justicia con la Ley de Tasas que elimina el principio constitucional de igualdad. Lo mismo han hecho con la Reforma Laboral que garantiza a los empresarios el despido libre y la eliminación de la fuerza sindical. Ahora van a por las libertades constitucionales, ese es el siguiente paso, como lo vemos con el Proyecto de Ley de Seguridad Ciudadana aprobado el día 29 de noviembre por el Consejo del Reino, perdón, por el Consejo de Ministros.

El Proyecto de Ley quiere limitar el derecho que tienen los ciudadanos de manifestarse, es decir, que quieren eliminar de un plumazo el derecho de reunión, manifestación y expresión que la Constitución otorga a todos los españoles. Lo mismo que ocurría en la Dictadura. Como son infracciones cuya inclusión el Código Penal va contra la Constitución, el Gobierno de Mariano Rajoy ha tirado de la falta administrativa y de las multas.

Entre las que son declaradas como infracciones muy graves, con multas que van desde los 30.000 a los 600.000 € y que atentan a las libertades del pueblo soberano nos encontramos la imposibilidad de manifestarse en el día de reflexión o en el día de la votación en unas elecciones, tal y como ocurrió el día 13 de marzo de 2004 con las manifestaciones espontáneas de los ciudadanos ante la manipulación y la utilización partidista del PP de los atentados del 11M. Se cubren las espaldas para que lo que ocurrió en 2004 no se vuelva a producir. También es significativa la inclusión de la perturbación muy grave del orden en actos públicos, deportivos, culturales, espectáculos, oficios religiosos, u otras reuniones numerosas. ¿Qué se entiende como perturbación muy grave en un oficio religioso?

¿Acaso los abucheos a María Dolores de Cospedal en la procesión del Corpus en Toledo? ¿Acaso los abucheos a miembros del Gobierno en macrobeatificaciones de sacerdotes franquistas?

Entre las declaradas infracciones graves, con multas que van desde los 1.000 a los 30.000 € nos encontramos las concentraciones no comunicadas ante instituciones del Estado. Se cubren las espaldas ante las manifestaciones legítimas ante el Congreso. Al menos no se han atrevido, de momento, a incluir como institución del Estado las sedes del PP, aunque el camino aún es largo y como ellos se creen que son el Estado... Ahí lo dejo. Otra de las infracciones es la destrucción de mobiliario urbano o la prohibición de ponerse una capucha en una manifestación. Choca mucho ver que también se incluye como infracción grave la defensa del pueblo ante los desahucios. El PP se ha dado cuenta de que su política neoliberal se ve muy afectada por la actividad de Stop Desahucios o de la PAH al impedir en repetidas ocasiones que las víctimas de la especulación salvaje de los bancos y de las constructoras llevaran a cabo los «lanzamientos». Esta situación traspasa las fronteras y los medios de comunicación extranjeros se hacen eco, lo que a Mariano Rajoy le hace daño. Por tanto, hay que evitarlo al precio que sea, incluso retirando libertados. Lo mismo ocurre con cosas tan diferentes como el botellón o la resistencia a la autoridad, aunque esa autoridad esté abusando o machacando a golpes al ciudadano.

Entre las declaradas infracciones leves, multadas con cantidades que van desde los 100 a los 1.000 € nos encontramos con que no se va a poder difundir imágenes de antidisturbios machacando a golpes a ciudadanos, no se va a poder ocupar espacios públicos o privados (bancos) como modo de protesta o perder el DNI.

Como vemos el interés principal del PP es la represión de sus ciudadanos y la mordaza a las protestas. No quieren que el pueblo se manifieste, que proteste, que reivindique lo suyo. Con este Proyecto de Ley, Mariano Rajoy impone en España un Estado Policial que no se veía desde el franquismo. Hay que tener en cuenta que tenemos un Ministro del Interior que gustaría que le llamaran Ministro de la Gobernación y que su sola constitución física nos asemeja a un comisario de la DGS. ¿Irán más allá? Es posible. Si pueden prohibir todo lo citado anteriormente, ¿por qué no prohibir las manifestaciones, por qué no derogar la libertad de expresión o la libertad de reunión? Lo que ocurre es que en los dos años que quedan de legislatura van a dar una vuelta de tuerca a sus reformas y a sus atentados contra los españoles y se quieren cubrir las espaldas ante las más que probables manifestaciones y protestas de los ciudadanos.

A mí esto me da un tufo de intención de perpetuación en el poder por medios no democráticos que apesta. Espero equivocarme porque si esto lo llevan a cabo Franco se sentiría muy orgulloso de sus herederos.

SOLO FALTABAN LAS MEONAS Y YA LAS HAN LICITADO

El Gobierno de Mariano Rajoy está enclavado en una dinámica de autoritarismo peligrosa. El Partido Popular ya ha atentado contra el espíritu democrático de este país, contra el régimen político que conquistamos tras 40 años de dictadura militar, a través de los recortes sociales que están perpetrando tanto a nivel del Estado Central como de las Comunidades Autónomas en las que gobiernan. Están intentando eliminar derechos constitucionales como la sanidad universal y la educación igualitaria; están intentando implantar un sistema productivo basado en la explotación del trabajador similar al que rige en Bangladesh, Vietnam o Thailandia; están intentando imponer la sumisión de la mujer y de sus derechos al fundamentalismo católico; están intentando acaparar la justicia al colocar a miembros y afiliados de su partido en puestos clave para, de este modo, legalizar sus atentados contra la democracia. Todo esto lo van consiguiendo gracias al nuevo régimen político inventado por Mariano Rajoy y sus ordas genovesas que es la dictadura parlamentaria, es decir, gobernar como se hace en cualquier dictadura pero con la coartada del Parlamento. Hasta ahora han ido a por los derechos constitucionales de los ciudadanos. Ahora van a por las libertades civiles, tal y como estamos viendo en todas las medidas restrictivas aprobadas por el Consejo de Ministros o que están en estudio.

Las libertades civiles principales son expresión, reunión y manifestación. A éstas se podría añadir el derecho de huelga de los trabajadores para la defensa de sus intereses respecto a los abusos salariales o laborales de los empresarios. El Partido Popular va en el camino de derogar o de legislar sobre ellas para restringirlas.

Respecto a la libertad de expresión, libertad que se sustancia en la existencia de una prensa libre, estamos asistiendo a la polarización hacia la derecha o la extrema derecha del mapa mediático. Una de las funciones fundamentales de la prensa y de los periodistas es la visión crítica y el control del poder. En este país ocurre todo lo contrario, ya que cuando gobierna el Partido Popular la gran mayoría de la prensa tradicional se convierte en una asociación de mamporreros del poder y en palmeros baratos de la mentira y la propaganda genovesa. La prensa escrita, tras la deriva de El País hacia la defensa de Rajoy y de la derecha por sus dificultades económicas y para refinanciar su deuda, está totalmente escorada hacia las posiciones ultraconservadoras que representa el PP. No hay crítica, no hay búsqueda de puntos de vista diferentes ni control de los desmanes del partido ultraconservador español. La actitud de El País y otros medios de Prisa y su connivencia o espíritu soft-light con las medidas de Mariano Rajoy han convertido a la cabecera en un mal sucedáneo de El Mundo o ABC. Por tanto, en este país los ciudadanos no disponemos de un medio de comunicación tradicional con tendencia de centro-izquierda. El resto es mejor no mencionarlos por su ideología ultraconservadora o ultraliberal, salvo por los escarceos del diario de Pedro J. Ramírez de ataque al PP por medio de las revelaciones de Luis Bárcenas que vienen como una venganza personal de su director hacia Mariano Rajoy, que se han convertido en el órgano oficial de propaganda del Régimen Genovés, tal y como ocurría en otras épocas con cabeceras como El Alcázar, Arriba o Informaciones. España es el país donde los periodistas críticos con el poder acaban en el paro y donde se pagan las lealtades. Sin embargo estos periodistas críticos, conocedores de la verdadera función del periodismo se han lanzado a la creación de medios digitales que son los que dan una visión más cercana a la realidad de lo que está ocurriendo en este país, de lo que pretende el gobierno que alcanzó el poder con engaños y que se mantiene en el mismo gracias a la mentira y la infamia. No obstante, esta prensa no tiene la difusión que merecería. Un ejemplo lo hemos visto con las revelaciones de los trapicheos de Blesa y Aznar con una empresa de fabricación de armas. Ni una sola mención en los medios tradicionales de un asunto que es tan serio como turbio. La última patada a la libertad de expresión y la libertad de prensa la tenemos en la imposición de Moncloa de los periodistas que van a hacer las preguntas a Mariano Rajoy en sus comparecencias. ¿Quién las hará? Evidentemente no un redactor de eldiario.es, elplural.com, infolibre.es o Diario Progresista. Esas preguntas, enviadas preventivamente por Moncloa a la redacción del medio en cuestión, serán realizadas por redactores de ABC, La Razón, Intereconomía, El Mundo o 13TV.

Respecto a las libertades de asociación, manifestación y reunión el Partido Popular, a través de su ministro de Interior, un hombre que tiene más aspecto de Comisario de la Dirección General de

Seguridad que de ministro, ha impuesto a los españoles una Ley que amordaza estas libertades y que da impunidad a las malas praxis de las Fuerzas de Seguridad del Estado permitiendo los abusos. La Ley de la Mordaza va a imposibilitar la protesta social ante los atentados del Régimen Genovés. Quieren sumisión absoluta y el único medio que tienen es el de plantear un estado de pánico que evite que los ciudadanos salgan a la calle a protestar. Fernández Díaz lo plantea como un modo de evitar protestas violentas. Sin embargo, ¿ha habido protestas violentas desde que gobierna el PP? No. Ha habido conatos de enfrentamientos por parte de una minoría. Ha habido enfrentamientos con la Policía provocados, en algunos casos, por policías infiltrados entre los manifestantes. Quieren imponer el miedo, pero realmente quienes tienen miedo son ellos, es el poder. Felipe González, hablando de la época final del franquismo, hacía una reflexión sobre la debilidad de la oposición democrática al afirmar que tenían una sensación de que el Régimen era fuerte, pero que una visión retrospectiva daba una realidad muy diferente ya que el Régimen entraba en crisis por una simple asamblea de estudiantes en la universidad. Lo mismo parece que está ocurriendo ahora. Mariano Rajoy y su gobierno tienen miedo a los ciudadanos, mucho miedo. ¿Por qué? Yo tengo una teoría: no se han lanzado todavía hacia sus objetivos principales, que no sé cuáles son pero que me temo que van a ser muy lesivos hacia el pueblo y muy beneficiosos para las élites. Estas nuevas medidas que tomarán, unas impuestas por Bruselas —las menos—, y otras impuestas por su propia ideología no democrática —las más—, podrían provocar que el pueblo se rebelara. Ante esto, el PP quiere ponerse la venda antes que hacerse una herida.

Relacionado con lo anterior está la posible restricción o eliminación del derecho de huelga de los trabajadores. El éxito de la huelga de los empleados de la limpieza de Madrid ha abierto un camino que el PP no quiere que se abra. Los barrenderos han mostrado que la lucha obrera da resultados y esto no lo pueden permitir quienes repudian todo lo relacionado con los derechos de los trabajadores. Mariano Rajoy y su partido quieren imponer unas condiciones de precariedad laboral y salarial que hagan que los trabajadores, con tal de no perder su empleo, acepten cualquier cosa. Los barrenderos de Madrid han mostrado que no es así. Rajoy dijo que había que regular los servicios mínimos y su cumplimiento. No obstante, ¿cómo puede lucharse contra los abusos de empresarios y administraciones públicas si se imponen unos servicios mínimos del 75%? Eso sí que es un abuso y, como es injusto, es lícito que los trabajadores no cumplan dichos servicios mínimos. Rajoy quiere evitar que los trabajadores se rebelen modulando el derecho de huelga que, en el lenguaje eufemístico del PP, será una restricción del mismo o una derogación encubierta.

Rajoy, jaleado por sus mamporreros mediáticos, está creando un estado policial que amordace la protesta de los ciudadanos ante lo que va a venir que será bastante peor que lo que hemos sufrido durante los dos primeros años de gobierno ultraconservador. Rajoy es el responsable de la vuelta a la represión franquista, a las carreras de los grises y a los abusos y las palizas. Y, para rematar el paisaje, ya solo faltaban las meonas, tal y como ocurría en el franquismo. Para la represión sí hay dinero, mientras que para la protección de los ciudadanos víctimas de la crisis generada por los protegidos del PP sólo hay recortes. ¿Qué será lo próximo? ¿Instaurarán de nuevo el TOP? Con Rajoy todo es posible.

¿ES INCOMPATIBLE EL SOCIALISMO CON EL PODER?

El mapa político actual en los países desarrollados no está marcado por las ideologías, sino por el modo en el que aplican los dirigentes modelos económicos y la función de la economía respecto a las clases sociales. En principio el modelo socialista está basado en la generación de riqueza desde abajo, basando la prosperidad en la escalada de ésta desde las clases más bajas hacia las más altas. La bonanza de las clases bajas o medias es sinónimo de crecimiento de las élites. Sin embargo, el sistema actual está basado en lo contrario, en el favorecimiento de las clases altas dejando las sobras para los demás, por lo que se generan grandes desigualdades sobre todo si el marco general está marcado por una crisis generada precisamente por el ansia de los más favorecidos. Si a esto unimos el cambio que se viene produciendo de la forma de entender el sistema capitalista, que ha pasado de la producción a la especulación, podemos comprobar que la ideología socialista tiene que luchar contra una corriente global.

Las elecciones municipales francesas de este pasado fin de semana y el castigo de los ciudadanos al Partido Socialista Francés me hace reflexionar sobre el propio socialismo actual. Hollande ha vuelto a traicionar a quienes depositaron en él la esperanza de que el socialismo fuera la solución contra los abusos de la derecha de Sarkozy. Es lo mismo que ha ocurrido en otros países europeos. En Alemania ocurrió algo parecido con Gerhard Schröeder. En Grecia el PASOK es casi una fuerza política marginal. En España tuvimos el caso de José Luis Rodríguez Zapatero. En Portugal lo vimos con Jorge Sampaio. Por no hablar de Toni Blair y su tercera vía, que tanto daño ha hecho a los socialistas. ¿Por qué los ciudadanos se alejan del partido que debería ser el garante de sus derechos y el defensor frente a los abusos de la derecha, tanto política como económica? La respuesta es sencilla y dolorosa para quienes nos sentimos socialistas: la aplicación de medidas propias de los conservadores o de los neoliberales en vez de un verdadero programa progresista, medidas que perfectamente podrían haber aplicado Mariano Rajoy, Angela Merkel o Nicolas Sankozy. Este hecho es una traición hacia los ciudadanos y éstos reaccionan dando la espalda a los partidos socialistas. El pasado domingo, en el acto de presentación de la candidatura de Elena Valenciano al Parlamento Europeo, Martin Schulz dio con la tecla al preguntarse si los socialistas habían sido quienes dieron la espalda a sus votantes. La respuesta a su pregunta es claramente afirmativa y el ejemplo más claro lo tuvimos en Francia.

¿Por qué se produce esta traición al socialismo? ¿Quién es culpable de estos cambios de mentalidad cuando se alcanza el poder? ¿Es incompatible que un modelo socialista pueda ser aplicado desde el poder con un resultado positivo para el país? Son cuestiones que me vienen a la cabeza y que requieren una reflexión. Es evidente que con el cambio de modelo capitalista el socialismo va a ser torpedeado desde los poderes económicos. Lo estamos viendo con todas las trabas que está sufriendo Susana Díaz en Andalucía. La derecha neoliberal no quiere que los ciudadanos conozcan que el modelo socialista es el camino más justo. A la derecha política se une la economía neoliberal basada en los mercados, en la especulación, en la búsqueda del dinero fácil y rápido. Los poderes económicos torpedean cualquier atisbo de aplicación de un modelo diferente al neoliberal. Este hecho es muy peligroso ya que denotan la total dependencia de la soberanía popular sobre la que se basa cualquier régimen democrático en las élites económicas y en los mercados. Éstos no permiten que se vea otro camino, que no se descubra que su único interés es que sus políticas se impongan por encima de los intereses generales de los ciudadanos y esto sólo lo pueden lograr con gobiernos de la derecha que son permeables a sus tejemanejes por motivos ideológicos o con gobiernos socialistas traidores a su propia ideología.

El socialismo es precisamente el camino hacia el buen gobierno porque, teóricamente, busca el bien común por encima de los intereses de las élites, ya sean económicas, ya sean religiosas, ya sean empresariales. La ideología socialista no debe ser incompatible con el buen gobierno, sin embargo, los ciudadanos perciben que es así. ¿Por qué? Se ha dicho anteriormente. El ciudadano ve que es traicionada su confianza cuando deposita su voto y se encuentra con que los partidos socialistas terminan adoptando medidas propias de la derecha. Es posible que la globalización tenga algo que ver con esta mimetización en los modos de gobierno. Es posible que los mercados hayan logrado imponerse a los regímenes democráticos. Lo que sí que está claro es que no es de recibo que un dirigente socialista adopte medidas neoliberales. Ahí está el «dar la espalda» a los votantes que afirmaba Schulz el pasado fin de semana. Ese ha sido el gran error, tal vez provocado por la identificación de los socialistas en las ideas socialdemócratas, tal vez provocado por la presión de los mercados.

El socialismo es la única forma de gobierno que garantiza la pervivencia del Estado del Bienestar y por ello no es incompatible con el ejercicio responsable del poder. Lo que no se puede hacer es dar la espalda a quienes confían en los postulados de la izquierda y, una vez alcanzado el poder, dar un giro hacia políticas neoliberales por responsabilidad o espíritu de Estado. Esta excusa no es cierta. El socialismo debe defender ante quien haga falta la lucha contra la desigualdad, los derechos de todos, el pan, el trabajo digno, el techo, porque la defensa de estos aspectos tan propios de una democracia es el garante de la prosperidad económica. El modelo neoliberal es un modelo fracasado para los ciudadanos, no para las élites. Por eso el socialismo es el único sistema que garantiza la prosperidad sin tener que generar desigualdad, pobreza y dolor en el pueblo soberano.

El varapalo del Partido Socialista en Francia en las pasadas elecciones municipales es otro toque de atención del pueblo. ¿Volveremos los socialistas a traicionar a quienes nos dan su confianza o aprenderemos la lección? En las elecciones europeas lo veremos y, por lo que estoy oyendo, hay esperanzas de que se retorne hacia donde no se debió partir.

DE LA LEY A LA LEY: EL ASALTO AL ESTADO DE DERECHO

En semanas anteriores todo el mundo se deshacía en elogios a la figura de Adolfo Suárez, al modo en que lideró el proceso de transición a la democracia junto a las fuerzas políticas de la oposición al franquismo. Hay que recordar que todo el proceso legislativo se hizo dentro de los canales legales que permitían las leyes franquistas. Con el poder que aún ostentaban las fuerzas ultras se consiguió culminar todo el proceso de cambio político de forma pacífica con el sistema de ir a la ley a través de la ley. Otro modo hubiera sido contraproducente y podría haber provocado un nuevo enfrentamiento civil entre españoles, algo que era fundamental para que la nueva democracia naciera sin el drama del anterior Régimen.

En la actualidad estamos viendo cómo el Partido Popular está realizando el mismo proceso pero con el recorrido inverso: ir de una democracia plena hacia un modelo de gobierno basado en la imposición donde los ciudadanos sólo tengan voz una vez cada cuatro años. La pretensión máxima de la derecha española está basada en el mantenimiento del poder a cualquier precio y para ello van legislando para colocar en los puestos claves a personas afines a su partido o para modificar los procesos electorales de tal modo que se elimine cualquier riesgo verse obligado a ceder el poder a otras opciones políticas.

Los gobiernos del PP en las Comunidades Autónomas sirven como laboratorio de Génova 13 a la hora de verificar la eficiencia de esas medidas o la constitucionalidad de las mismas tras los más que probables recursos de la oposición. Sin embargo, no dan puntadas sin hilo y ya se han encargado de colocar a un militante de su partido como Presidente del Tribunal Constitucional. Es decir, que el Partido Popular utiliza de forma partidista a sus gobiernos regionales como sucursales y las medidas que toman como estudios de mercado a la hora de implantarlas a nivel nacional.

Cuando aún no gobernaban y sabían que si ganaban las elecciones de 2012 (adelantadas a 2011) se verían obligados a realizar una política de recortes porque desde la UE se estaba empezando a pergeñar la política de austeridad plena. En este caso utilizaron a la Comunidad de Madrid como laboratorio para conocer la respuesta que tendrían los recortes tanto a nivel económico como social. Como vieron que las medidas tomadas por Esperanza Aguirre no tenían mucha contestación ciudadana ni había respuesta negativa por parte del Tribunal Constitucional ya tenían abierto el camino necesario para la implantación de sus medidas neoliberales y de su ataque a los ciudadanos una vez alcanzaran la Presidencia de Gobierno. Aún resuenan sus palabras en la Cadena SER cuando fue entrevistada por Carles Francino: «He encontrado unas partidas maravillosas para recortar», en un tono de voz donde se relamía de placer. Los demás gobiernos regionales «populares» también siguieron con el camino marcado por la «lideresa», por la misma que se escapa de la policía cuando le ponen una multa demostrando un desprecio a las autoridades propio de la nobleza del siglo XIX.

Una vez alcanzado el gobierno las Comunidades Autónomas gobernadas por el Partido Popular se han convertido en el laboratorio de medidas de corte neoliberal y de claro color autoritario. El más importante experimento lo realizó el gobierno de Ignacio González/Esperanza Aguirre en la Comunidad de Madrid con el proyecto de privatización de la sanidad. Fue el modo en que el

PP esperaba ver los resultados de uno de los anhelos más importantes del pensamiento neoliberal: destruir el modelo de sanidad universal para imponer un modelo similar al americano donde las aseguradoras tienen el poder y donde los que más tienen disponen de sanidad y los que menos se ven obligados a la automedicación por no poder pagarse un seguro médico. La respuesta ciudadana, la Marea Blanca, la lucha de los profesionales (que no son sospechosos de ser rojos peligrosos) hicieron que el proceso se paralizara. Con esta respuesta el PP ya se cuidará de hacerlo por Decreto Ley publicado en el BOE, que es su modo de entender la democracia, la imposición sin debate político.

La llegada a la Presidencia de Castilla La Mancha de la Secretaria General del Partido Popular, María Dolores de Cospedal ha intensificado la actividad en su laboratorio. Además de cargarse todas las ayudas a la dependencia por las bravas, modelo que ahora está imponiendo Ana Mato viendo la positividad de la medida para la macroeconomía, a pesar de lo mezquino que es dejar sin recursos a personas que no tienen independencia y requieren de la ayuda de otras personas, María Dolores de Cospedal ha eliminado el salario a los diputados y ha modificado de manera unilateral y sin acuerdo el

Estatuto de Autonomía para prepararse un mapa electoral a la carta donde es casi imposible que el PP pierda el poder. Es decir, ha legalizado un pucherazo como lo pudieran hacer los caciques durante el franquismo para ser también el alcalde. Miedo me da que viendo que no hay respuesta en el TC Mariano Rajoy modifique la Ley Electoral para aumentar el peso de los votos en provincias como Valladolid para retirárselo a otras menos proclives a votar derecha. Todo ello, eso sí, después de las elecciones europeas. Viendo el modo miserable de entender la democracia por parte de la derecha española, no es descartable.

Todas las medidas tomadas por el PP en el gobierno central ya fueron probadas en sus laboratorios de las Comunidades Autónomas. Sin embargo, ese asalto a las instituciones del Estado tiene más variables, más blindajes para evitar que sea la justicia la que eche para atrás la imposición del modelo de Estado neoliberal. El Tribunal Constitucional y el Tribunal Supremo están bajo la presidencia de alguien que fue militante del PP en lo referido al TC y por uno de los ideólogos de FAES, la fundación de Aznar, en el caso del TS y, por ende, del CGPJ. ¿Cómo es posible que uno de los ideólogos de la Reforma Laboral sea quien tenga que decidir su inconstitucionalidad? Esto es España y estas cosas no son extrañas, sobre todo cuando el terrateniente dirige el país como si fuera su finca.

Tengo la sospecha de que algo así puede ocurrir. Es más que probable un descalabro electoral del PP en las municipales y la pérdida de territorios como Madrid o Valencia en las autonómicas. Mariano Rajoy no puede permitirse esto y pondrá todos los recursos del Estado para evitarlo ya que es propio del PP utilizar lo que es de todos en favor de los intereses particulares del PP. No hará nada ilegal, pero sí que hará lo que hicieron Suárez desde el gobierno y González, Carrillo o Tierno Galván desde la oposición, ir a la ley desde la ley, pero no por el bien común, sino por el bien propio. Espero equivocarme.

TÚ MUEVES EUROPA

El 25 de mayo de este año tenemos una nueva cita electoral, una cita en la que nos jugamos mucho y donde los ciudadanos tendremos que decidir si queremos que las políticas europeas sigan encaminadas hacia el austericidio que beneficia a los países del centro y del norte de Europa y destruye a los del sur en aras de que esas economías fuertes se fortalezcan más a costa del sufrimiento de los más débiles o cambiar el rumbo hacia una Europa más social, más centrada en las personas y en los problemas reales. En estas elecciones europeas nos jugamos seguir con la dependencia de los mercados o la búsqueda de políticas donde la gente sea la primera prioridad, muy por encima de los balances macroeconómicos. En estos comicios europeos nos jugamos mucho porque a partir de ahora la Comisión tendrá que ser ratificada por el Parlamento, por la voz del pueblo y no por decisiones internas. En estas elecciones nos jugamos el modelo que debe tener la política común y las prioridades. Si vuelve a ganar la derecha, seguiremos rehenes de los mercados. Si gana la izquierda, es muy probable que se retorne hacia la cohesión social y la priorización de los valores progresistas por encima de la macroeconomía. En estas elecciones nos jugamos el modelo europeo.

En los últimos cinco años en que la derecha europea ha gobernado la política de la Unión Europea se ha producido un hecho preocupante: el desapego de la población hacia el propio concepto de unión de los países europeos en un solo ente. Esta táctica de la derecha es otro paso más del modelo por el cual es necesario el desprestigio de la política como base de la permanencia en el poder. Si no hay un interés por la política los ciudadanos no acuden a las urnas y esos ciudadanos que se abstienen suelen ser los votantes progresistas, ya que los suyos, los más conservadores, suelen acudir en masa para mantenerse en el poder al precio que sea. El ejemplo lo tuvimos en España en 2011 cuando ganó la opción ultraconservadora gracias al mayor fraude electoral que se ha visto en la Historia de España. Este desprecio hacia la política la hemos comprobado en el modo en que Mariano Rajoy ha gestionado la candidatura de Arias Cañete apurando los plazos. No le interesan los modelos democráticos, no le interesa la idea de Europa.

En contra del modelo actual el Partido Socialista Europeo ha planteado una campaña electoral basada en dar al pueblo lo que la derecha le quiere quitar: el poder de decidir, dándole la importancia que tiene a los votos de los ciudadanos. No son los políticos, sino los ciudadanos los que tienen que decidir el camino que se quiere transitar: cambio hacia un modelo social o seguir bajo el mandato de instituciones supranacionales como el FMI en aras de la austeridad, un modelo que, por cierto, está dejando muchos muertos y mucha desgracia en su camino.

De ahí el lema de la campaña: Tú mueves Europa. Por lo dicho anteriormente me parece un planteamiento inicial de campaña muy acertado. Son los ciudadanos quienes tienen el poder de decisión, no los poderes supranacionales.

Sin embargo, desde un punto de vista de efectividad ante el desapego de la política que la derecha ha logrado inculcar y la más que probable alta abstención la orientación que está teniendo la pre-campaña me está pareciendo desencaminada. No es una crítica frontal hacia la campaña del Partido Socialista. Creo que el planteamiento inicial es el correcto. Sin embargo, echo de menos algunas cosas desde un punto de vista de la comunicación a los ciudadanos.

En primer lugar, escucho mucho en los discursos tanto de Martin Schulz como de Elena Valenciano la palabra NO. Todo aquel que haya trabajado en comunicación se dará cuenta de que si quieres enviar un mensaje positivo esta palabra no tiene que aparecer. El Partido Socialista parte de una base difícil por culpa de las acciones de gobierno de aquellos que se dejaron absorber por el eclecticismo de la Tercera Vía, ese torpedo de la derecha para desacreditar a los socialistas. Los ciudadanos han mimetizado a la derecha con los partidos de corte progresista. En España lo vimos en el 15M con el tan manido PPSOE y que las formaciones que se creen con la exclusividad de la izquierda acrecientan. Por ese lastre el mensaje lanzado debe ser positivo, debe dar esperanza. Evidentemente hay que distanciarse de las políticas de la derecha, pero poniéndose por encima de las mismas para lanzar ese mensaje de positividad en la propuesta.

En segundo lugar, echo mucho de menos la exposición de medidas concretas y, sobre todo, de la repercusión en la vida de los ciudadanos que dichas medidas van a tener. Está muy bien contraponer las políticas de austeridad y el entreguismo de la política a los mercados. No obstante hay que decirles a quienes tienen el poder del cambio, que son los ciudadanos, lo que realmente se va a hacer para luchar contra esa austeridad. No es decir sólo «generaremos políticas de creación de empleo». Esto hay que completarlo con el modo en que se va a hacer, explicar a los ciudadanos qué es lo que va a hacer y la previsión de repercusión en sus vidas. En una sociedad que se aleja de la política, los políticos están obligados a lanzar mensajes claros y con un compromiso claro de cumplimiento de los mismos.

En último lugar, en el mismo sentido en el que el PSOE hizo autocrítica tras la Conferencia Política, hay que dejar claro a los ciudadanos que los socialistas hemos cometido errores cuando hemos gobernado, que hemos aprendido de ellos y que nos hemos dado cuenta de que las prioridades se hallan en la gente y no en los mercados.

Vuelvo a reiterar, el camino emprendido es el correcto. Sólo hay que pulirlo a lo largo de la campaña.

Tú Mueves Europa.

LA ESTRATEGIA DE LA DERECHA: CUMPLIR CON EL *BUSINESS PLAN*

Todo lo que está ocurriendo desde hace más de una década en un mundo cada vez más global está dentro del ordenamiento y del alcance del Business Plan de la derecha, de la estrategia a seguir para lograr que la sociedad se convierta en un reflejo de su ideología, de esa ideología clasista basada en la desigualdad y en la superioridad de las castas sobre los ciudadanos. En España sabemos mucho de eso con lo ocurrido desde que el Partido Popular llegó al Gobierno en 1996.

Aznar: el urdidor de la crisis actual en España

José María Aznar llegó a la Moncloa tras ganar por la mínima las Elecciones Generales de 1996. España era un país que estaba saliendo de la crisis del 93, un país que ya estaba creando empleo pero con una elevada tasa de paro. El líder del Partido Popular tuvo que hacer muchas promesas en campaña en lo referente a la situación económica, y, sobre todo, tenía el reto de superar a Felipe

González como Presidente de Gobierno tras la oposición mezquina que había realizado en la última legislatura del PSOE. Necesitaba un golpe de efecto y sabía que los españoles cifran la eficacia de un gobierno en su prosperidad personal. Para ello impulsó una serie de medidas para generar empleo rápido y crecimiento económico exprés.

Una de estas medidas fue la Ley 7/1997, de medidas liberalizadoras en materia de suelo y de Colegios Profesionales. Esta ley tenía la finalidad de rebajar el precio del suelo para que los ciudadanos tuvieran un mayor acceso a la vivienda. Para lograr ese abaratamiento previsto había que aumentar la oferta de suelo urbanizable y no se les ocurrió otra cosa que eliminar la distinción entre suelo urbanizable programado y no programado para que la totalidad de suelo disponible fuera urbanizable. A esta ley se unió la Ley 6/1998 que cubrió el vacío legal que dejó la Sentencia del Tribunal Constitucional que derogaba la Ley del Suelo de 1992 del gobierno de Felipe González. Estas dos leyes fueron la clave para que en España se generara la burbuja inmobiliaria que, por un lado llevó a España a un crecimiento económico superior a la media europea, a unas cotas de creación de empleo desconocidas en nuestro país y, por otro, al endeudamiento de las familias, a la destrucción de la conciencia de clase obrera y a la sensación de vivir en una prosperidad que era falsa.

Por otro lado el Gobierno de Aznar también legisló para que las entidades bancarias pudieran llenar el mercado del dinero suficiente para que ese monstruo que estaban creando pudiera echar a andar. A este hecho se unió el control deficitario del endeudamiento, tanto de los ciudadanos como de los propios bancos que necesitaban de créditos a otros bancos de Europa y Estados Unidos.

El Gobierno de Aznar afirmó que con sus medidas se crearía empleo, cosa que ocurrió, y que el hecho de tener mucha vivienda nueva haría que el precio de la vivienda bajara. En este aspecto se equivocaron porque el monstruo inmobiliario degeneró en movimientos especulativos no solo de las élites empresariales o económicas sino de los propios ciudadanos. En España antes de las leyes de Aznar el metro cuadrado construido costaba aproximadamente 700€ de media, mientras que en 2004, cuando abandonaron el poder, superaba los 1.500€. Se benefició a unos pocos con soluciones a medio plazo, pero soluciones que han generado la crisis social más importante en España desde la Guerra Civil.

La burbuja inmobiliaria: el pilar sobre el que se apoya la estrategia de la derecha

La burbuja inmobiliaria de Aznar es la verdadera herencia que ha recibido el Partido Popular. La crisis actual es la principal consecuencia de la orgía especulativa que las medidas del primer gobierno del PP. Sin embargo, dicha burbuja y dicha prosperidad no era solo un movimiento económico sino que había algo más: la intención de perpetuarse en el poder, la intención de someter a los ciudadanos bajo su ideología, tanto política como económica, además de ser una estrategia por la que perpetuarse en el poder.

La burbuja inmobiliaria fue la rampa de lanzamiento de una estrategia perfectamente estudiada. El hecho de que en España se creciera económicamente y se creara empleo hacía que la prosperidad de los ciudadanos aumentara. Eso es un hecho y no admite discusión. Sin embargo, ¿a qué precio? Al de la desgracia, el hambre, la miseria y la desigualdad, tal y como estamos viendo en la actualidad.

La falsa prosperidad y la eliminación de la conciencia de clase

La situación económica tras el lanzamiento de la burbuja hizo que se creara una falsa prosperidad en la clase obrera que provocó que muchos trabajadores tuvieran la sensación de ascenso social y un aburguesamiento de las costumbres. La banca, tanto la tradicional como las Cajas de Ahorro, hacían que la clase trabajadora entrara en el consumismo basado en el crédito, además de la posibilidad de tener en propiedad una vivienda, un buen coche, viajes al Caribe, largas vacaciones, etc. No digo que un trabajador no pueda disponer de una vivienda digna, de un coche o que no tenga derecho a irse al Caribe. Es el trabajador quien más lo merece. Sin embargo, el acceso fácil al crédito por la irresponsabilidad de la banca y los salarios con un crecimiento de un 3% por encima de IPC hacía que el obrero se fuera aburguesando. Ya no eran trabajadores, eran clase media. En España se pagaban salarios a los obreros de la construcción superiores a directores de departamento en otros sectores. En los pueblos de Andalucía, Extremadura y Castilla La Mancha, sobre todo, se podía ver a los trabajadores de la construcción conduciendo coches de alta gama, comprando chalets o llevando un ritmo de vida propio de la clase media-alta. No soy tan refractario como para defender que la clase obrera no tiene el derecho de vivir bien o de permitirse lujos. Se lo estaban ganando con jornadas de trabajo a destajo. Sin embargo, la derecha logró uno de sus objetivos: la eliminación de la conciencia de clase ante lo que tenían proyectado para el futuro y que trataré más adelante.

Los trabajadores vivieron en una falsa prosperidad que les hizo crearse unas necesidades ajenas hasta ese momento en sus vidas. Habrá quien me diga que la prosperidad estaba ahí, pero nadie en su sano juicio, salvo que pertenezca a aquellos que se convierten en propagandistas de la derecha, a pesar de pertenecer a una clase social que jamás será defendida por los conservadores, podía prever que esa situación tuviera una permanencia en el tiempo.

Trabajadores manipulables y sumisos

La falsa prosperidad y los nuevos intereses creados provocó también que muchos jóvenes dejaran sus estudios para empezar a trabajar en la construcción, tanto de viviendas como de infraestructuras. Había demasiado dinero, se veía correr el dinero y los jóvenes buscaban cumplir sus sueños. Ahora la consecuencia la tenemos en el exceso de paro juvenil, de jóvenes sin formación ni cualificación.

Las obligaciones adquiridas con las entidades bancarias, tanto en créditos personales como en las elevadas hipotecas provocaban que los trabajadores tuvieran la necesidad de tener un puesto de trabajo para poder hacer frente a las deudas adquiridas. La irresponsabilidad de la banca a la hora de abrir la esclusa, que no el grifo, del crédito dando el mensaje de que había pasta para todo el mundo y para todo causó que muchas familias se encontraran con que el total de deudas superaban el 60% de los ingresos de la unidad familiar, cuando lo lógico es que la totalidad no supere el 35%. Hipoteca, préstamos personales para muebles, viajes o coche, tarjetas de crédito (que las regalaban) eran los recibos a los que tenían que hacer frente cualquier familia absorbida por la falsa prosperidad y su nueva inclusión en la clase media. Cualquier error, cualquier situación sobrevenida era una desgracia porque la prestación por desempleo no cubría el total de las deudas. El miedo a la pérdida del empleo hace que los trabajadores acepten condiciones salariales y laborales que en otras circunstancias no hubieran aceptado. La falsa prosperidad de los tiempos de la burbuja inmobiliaria creó trabajadores sumisos, por un lado, y trabajadores manipulables, dado que la falta de formación hace que se acepte lo que sea sin cuestionar nada.

La estrategia política y económica de la derecha

Cuando Aznar y su Gobierno aprobaron las leyes anteriormente citadas, cuando se empezó a crecer y a crear tanto empleo que llegaron a afirmar desde el Partido Popular que España era la locomotora económica de la Unión Europea, las miradas de los ultraconservadores españoles no estaban en el bienestar de los ciudadanos sino en la puesta en práctica de una estrategia que les perpetuara en el poder en el largo plazo. Ellos eran conscientes de que la economía de un país no podía basarse en un modelo productivo centrado casi en exclusiva en el sector de la construcción y en toda la actividad que arrastra. Ellos ya sabían que la burbuja inmobiliaria en algún momento iba a estallar.

Todo estaba pensado para que la primera legislatura fuera la del despegue. Apoyados por los partidos conservadores nacionalistas legislaron y generaron las condiciones imprescindibles para que la burbuja y la especulación inmobiliaria se convirtieran en el motor de la economía española. Alta creación de empleo, necesidad de importar mano de obra extranjera y generación de esa falsa prosperidad para las clases trabajadoras. Todo ello con el apoyo incondicional de la banca (sobre todo las Cajas de Ahorro que estaban casi en su integridad en manos del propio PP) y de las élites económicas y empresariales.

Una vez lanzado el monstruo pensaron que iban a seguir gobernando durante otras dos legislaturas más, la última (2004 – 2008) ya con una bajada de la actividad económica y con destrucción de empleo. El propio José María Aznar se arrogaba los méritos y cedía esa presunta última legislatura a su sucesor. Eligió a Mariano Rajoy, el candidato a la sucesión con menos luces y que menos sombra le podía hacer y que, además, se iba a comer la reducción de la velocidad de crucero de la economía y el aumento del paro. Ese empeoramiento de las condiciones económicas provocaría la pérdida del poder para que el PSOE fuera quien gestionara lo más crudo de la crisis para recuperar ellos el poder en 2012 y volver a relanzar la economía en unas condiciones globales más favorables. Ese era el momento elegido para la aplicación de su ideología ultraliberal con la eliminación del Estado del Bienestar. Machacarían a los ciudadanos pero ellos quedarían como salvadores de la patria, casi como el Caudillo por la Gracia de Dios.

Sin embargo, las cuentas le salieron mal al Partido Popular. El 11 de marzo de 2004, tres días antes de las Elecciones Generales el atentado contra los trenes de Cercanías de Atocha, Santa Eugenia y El Pozo y los intentos de manipular la información sobre la autoría del ataque terrorista para que no afectara al resultado electoral hizo que los ciudadanos le dieran la espalda al partido ultraconservador español para depositar su confianza en José Luis Rodríguez Zapatero y en el PSOE. Fue en el gobierno de ZP cuando estalló la burbuja, como ya sabían en el PP. A esto se unió la crisis global con la quiebra de Lehmann Brothers, la crisis de deuda soberana y financiera en la UE. Como era lógico, en 2011 el PSOE perdió las elecciones y el PP llegó al poder con una mayoría absoluta. La situación económica era mucho peor de lo que ellos plantearon en 1996, pero tenían una mayoría absoluta que les iba a permitir imponer ese modelo donde lo público debía ser eliminado para abrir nuevos nichos de negocio para esas élites que les permitieron llevar a cabo su plan sobre la burbuja. La propia banca se beneficiaría de ayudas públicas para subsanar los desmanes que se les permitieron y socializarían las pérdidas que habían sufrido tras el estallido de la crisis.

Lo que estamos sufriendo con el Gobierno de Mariano Rajoy es la consecuencia de esa estrategia político-económica de la derecha española, la consecución de los objetivos marcados en el Business Plan. Han logrado crear una bolsa de millones de desempleados que con las obligaciones de deuda particular adquiridas durante la época de la burbuja, tanto hipotecarias como de préstamos personales se convierte en una bolsa de trabajadores temerosos y dispuestos a aceptar cualquier condición laboral y salarial con tal de no perder algo tan básico como la vivienda. El propio aumento de los desahucios alguien podría interpretarlo como una forma de introducir más miedo en las verdaderas víctimas de la crisis. Han logrado crear una masa de trabajadores manipulables por ese miedo y por la falta de formación de aquellos que dejaron sus estudios para trabajar en la construcción. El ejemplo lo vimos en las Elecciones Generales de 2011: muchos de los que se encontraban ya desesperados por el desempleo y la falta de ingresos se dejaron manipular por un programa electoral falso y votaron por la derecha, precisamente la opción que jamás les va a defender. El condenado a muerte aplaudiendo la subida del verdugo al patíbulo. Han logrado que la clase trabajadora no se enfrente directamente al poder tras los abusos aprobados por ley por el PP. Han logrado derogar derechos sin apenas presión en la calle. Todo ello por miedo. A medida que va pasando el tiempo de gobierno de Mariano Rajoy el Estado del Bienestar se está muriendo. Todo ello como resultado de la estrategia ultraconservadora que comenzó a fraguarse en 1996.

Les está saliendo tan bien, a pesar del traspiés de 2004, que aún siguen por delante en intención de voto en las encuestas para las Elecciones Europeas del 25 de mayo. Son así. Lo tenían todo pensado. ¿Vamos a permitir que continúen masacrándonos con el único propósito de mantenerse en el poder? No sé ustedes, pero yo, desde luego, no.

PSOE, POR EL CAMBIO: QUÉ, CÓMO, CUÁNDO, QUIÉN, POR QUÉ

Lo ocurrido en el PSOE, desde el punto de vista de los resultados electorales desde los Comicios de noviembre de 2011, ha provocado que el actual Secretario General, Alfredo Pérez Rubalcaba presentara su dimisión haciéndose responsable de la deriva negativa y del desapego de los ciudadanos. El PSOE no se ha dado un batacazo grave, se ha pegado un hostión en toda regla y, sí, el responsable último de estos resultados es Alfredo. La apuesta por Elena Valenciano, quien desde mi punto de vista ha hecho una campaña de chapeau ha quedado dinamitada por el abandono de los ciudadanos. Hay que hacerse muchas preguntas para ver el por qué, el qué hacer, el cómo implementar ese qué, el cuándo hay que realizar ese cómo y, sobre todo, el quién o quiénes serán las personas que dirijan el barco tras las reparaciones que precisa. Mi opinión al respecto de todas esas cuestiones será el contenido de este artículo.

Como ya conocen las personas que se acercan a mis escritos, tanto en Diario Progresista como en otros medios, he sido muy crítico tanto con la actual Ejecutiva como en el modo de hacer política de Alfredo Pérez Rubalcaba. Las decisiones necesarias en aras de la renovación se han tomado tarde, demasiado tarde, quizá, porque esta dimisión de Rubalcaba tendría que haberse hecho efectiva tras la derrota en 2011. El PSOE debería haber estado dirigido por otras personas. Sin embargo, no fue así y, quizá, en estas Elecciones Europeas se ha hecho efectivo el abandono de los ciudadanos hacia quien ha construido el Estado del Bienestar en este país. En una columna afirmé sin pudor que con Rubalcaba el PSOE podía ir del Gobierno al Grupo Mixto del Congreso en una legislatura. Podía ser exagerado, pero a ritmo de hostión nuestro partido puede sufrir una involución parecida a la del PASOK griego, donde ya es la tercera fuerza por debajo de Syriza y de la derecha.

El problema principal no era la persona de Alfredo Pérez Rubalcaba, quizá uno de los mejores políticos en activo que tenemos en este país. El problema se encontraba en el modo de interpretar la acción política. Alfredo es un hombre de Estado y, por eso, no era la figura adecuada para pilotar una nave con una fuerte vía de agua. En primer lugar, tenía pasado al ser una de las cabezas de los anteriores gobiernos socialistas. Este hecho provocaba que cientos de miles de ciudadanos le tomaran por cómplice de los dos últimos años de Zapatero y le responsabilizaran de las políticas erróneas implementadas por ese gobierno. En segundo lugar, su idea inicial de hacer una oposición responsable sin el ataque frontal hacia las medidas irresponsables tomadas por el gobierno ultraconservador de Rajoy hizo que otros cientos de miles hicieran al PSOE cómplice del ataque neoliberal. En los últimos meses hemos visto a otro Alfredo, tras utilizar una táctica de confrontación frontal con el gobierno. Alguna vez afirmé que teníamos a un Secretario General en el Congreso y a otro diferente en los actos de partido de los fines de semana. Me encantó el planteamiento en el Debate Sobre el Estado de la Nación. Así debió ser desde el principio de la Legislatura, porque era la actitud y la estrategia de diputados como Carmen Montón, la propia Soraya Rodríguez, Elena Valenciano, Patricia Hernández, por citar algunos, mientras el Jefe de la Oposición planteaba pactos de Estado. Los ciudadanos sólo ven lo que muestran los medios de comunicación, no las sesiones completas del Congreso y, por eso, lo que percibían de la oposición del PSOE por parte de Alfredo era una cierta connivencia con las leyes propuestas por la derecha, a pesar de que en el fondo no fuera así.

Elena Valenciano reconoció la misma noche del 25 de mayo que los resultados eran malos y que el PSOE había sufrido una derrota sin paliativos. Al día siguiente Alfredo presentaba su dimisión. Tal vez sea demasiado tarde, tal vez sea el momento adecuado tras ver cómo otras fuerzas de izquierda ya nos echan el aliento en el cogote, algunas de las cuales con menos de medio año de vida. A mi parecer esta decisión ha llegado demasiado tarde porque el sistema de oposición planteado en el principio de la legislatura. La renovación total del PSOE se tuvo que escenificar en el Congreso de Sevilla, con una persona a la que no pongo nombre, pero que no tuviera ningún pasado en el gobierno de Rodríguez Zapatero, que rejuveneciera la cara del partido y que fuera más afín a los ciudadanos y sus necesidades, alguien a quien nadie pudiera echar en cara los errores cometidos, ni siquiera a través de la herencia recibida que tanto utiliza el partido ultraconservador español.

Felipe González afirmó en el Congreso celebrado en 1976, el primero que se hacía en España tras la Guerra Civil y de la refundación de Suresnes, que había más socialismo fuera del partido que dentro de él. Estas palabras tienen su mérito en un entorno donde el PCE parecía ser el paradigma de la izquierda y el PSOE un simple adlátere. Estas palabras encerraban un mensaje claro: el socialismo debe ser el punto de partida de todas y cada una de las políticas, de todos y cada uno de los mensajes del partido. Salirse de esa línea es un suicidio. Precisamente ese fue el principal error en la primera etapa de gobierno de Felipe González con un viaje ideológico hacia el centro y, posteriormente, con la aplicación del pragmatismo de la Tercera Vía en los dos últimos años de Zapatero. Aquí comienzan los males. Aquí empieza ese distanciamiento de los votantes de izquierda, de nuestros votantes, de aquellos que nos pidieron y a los que, en ocasiones, abandonamos o no supimos escuchar. Tras la Conferencia Política de 2013 se envió un mensaje de retorno a las posiciones más socialistas. La consecuencia quedó resumida en dos palabras: Hemos vuelto. Sin embargo, parece que no ha sido suficiente ya que los ciudadanos, en general, no han captado y los votantes socialistas, en particular, no han percibido y se han marchado hacia otras opciones de izquierda. El éxito de Podemos está basado, en cierto modo, en votantes socialistas decepcionados.

Entonces, ¿cuál es la situación del PSOE tras estas Elecciones Europeas? ¿Qué habría que hacer tras la renuncia de Rubalcaba? A partir de ahora les daré mi opinión. Podrá gustar o podrá encabronar, pero es lo que pienso. Lo que está claro es que el PSOE está en medio de una nueva crisis interna. Sin embargo, a diferencia de las anteriores, esta es más grave debido a la desafección del propio votante socialista hacia el mensaje que se lanza desde el partido, un mensaje que cada vez va calando menos. Esta impermeabilidad viene dada por el estigma de las decisiones tomadas por una Ministra de Economía que bien podría ser la sustituta de Montoro o de De Guindos. La inacción de la última etapa del gobierno de Zapatero, el inicio de las políticas de austeridad y la reforma constitucional son un lastre del que el PSOE debe separarse. No es una traición, es un reconocimiento del error cometido. Cuando un partido gobierna, tiene que asumir sus errores, y renunciar al encubrimiento en aras de una presunta lealtad. Lo dijo Rubalcaba en la rueda de prensa donde anunció su renuncia a la Secretaría General. La situación es, quizá más crítica que en la crisis ocurrida tras el enfrentamiento entre el PSOE Histórico y los Renovadores de Felipe González en los congresos de Toulousse y Suresnes. Ahí el problema estaba en el desconocimiento de los españoles por la alta presencia del PCE como cabeza de la oposición al Régimen Franquista. La situación es más grave que en la crisis surgida tras la derrota electoral de Almunia en 2000. El PSOE precisa una renovación íntegra, y esa renovación debe comenzar con el Congreso Extraordinario de julio.

Hay quien habla de refundación del PSOE. Más bien lo que necesita es un remozamiento de arriba abajo sin perder las esencias fundamentales del socialismo, repito, del socialismo, que no de la socialdemocracia o del centro izquierda. El PSOE debe retomar la senda ideológica de lo que pide la gente, lo que exigen los ciudadanos a nuestro partido: políticas de izquierda. El abandono de votantes socialistas hacia opciones como IU o Podemos es un mensaje que debe calar en quienes tengan la capacidad de decidir. Los ciudadanos progresistas están hartos de medias tintas, están hartos del centro político, un centro que ocupan formaciones como UPyD.

La renovación debe empezar en el modo en que se elige al nuevo Secretario General. Desde que se anunció el Congreso Extraordinario las cuchilladas han comenzado a soltarse con toda la crueldad posible. Parecía como si muchos dirigentes estuvieran esperando a que pasaran las Elecciones Europeas para comenzar a lanzar navajazos. Se piden elecciones primarias abiertas. Sin embargo, ahora no es el momento para ello porque hay que distinguir claramente entre el Secretario General y el candidato a las Elecciones Generales. Puede ser el mismo, pero puede que no. Y esta segunda opción es la más idónea para que el PSOE recupere parte de su credibilidad. Pero vuelvo al proceso de renovación.

Ayer Rubalcaba tuvo que dimitir junto con toda la Ejecutiva y crear una Comisión Gestora para que dirigiera el partido hasta la celebración del Congreso de julio. Eso hubiera sido lo lógico porque el hecho de permanecer podría dar a entender que se pretende controlar la línea a seguir en dicho Congreso. En segundo lugar, habría que abrir un proceso de primarias entre los militantes del PSOE, no primarias abiertas. No es lo mismo la elección del Secretario General que la del candidato a la Presidencia del Gobierno. Aquellos que quieran postularse como candidatos deberían presentarse ante la totalidad de la militancia y no ante los delegados. De este modo se logra mantener la democracia interna escuchando a quienes defienden al partido en el día a día y serán éstos quienes tengan la responsabilidad en la elección y no el aparato. El Congreso ratificaría, no solo el resultado de dichas primarias sino las líneas estratégicas a seguir, tanto en la actividad parlamentaria como en las futuras convocatorias electorales. Finalmente, dicho Secretario General, elegido por todos los militantes abriría el proceso de primarias abiertas para la candidatura a la Moncloa, donde los candidatos no tienen por qué coincidir con aquellos a quienes la militancia designara como cabeza del partido.

A mi parecer, este hecho tiene una importancia plena. ¿Por qué se le tiene tanto miedo a la bicefalia? ¿Por qué, suponiendo que el PSOE ganara las elecciones, no puede haber un Secretario General y una Ejecutiva diferente a quien esté al frente del gobierno? Tal vez fuera lo más sano porque el propio partido sería el principal fiscal a la actividad gubernativa y evitar desviaciones como las ocurridas con Zapatero en los dos últimos años de legislatura.

Finalmente, es importante ver el quién debe dirigir la nave socialista tras los constantes revolcones que los ciudadanos nos han pegado. No daré nombres, pero sí que son importantes algunos aspectos que dicha persona debería cumplir. En primer lugar, es necesaria una persona joven, una persona que no haya vivido la Transición ni sea nostálgica de lo que ocurrió hace casi 40 años. La política y la sociedad ha cambiado y el modo de interpretar el progresismo es muy diferente. Es necesaria esa renovación de la sangre socialista. En segundo lugar, es casi obligatorio que dicha persona no esté contaminada por las acciones de gobierno de Felipe González o de José Luis Rodríguez Zapatero. En tercer lugar, una persona con un mensaje de izquierdas, que transmita progresismo y que sepa enganchar la realidad con el mensaje, que tenga la audacia de afirmar cómo va a llevar a cabo la otra forma de política que los socialistas hemos plasmado en la campaña de Elena Valenciano pero que no ha sido aceptada por los ciudadanos. El PSOE ha salido de sus cenizas en el momento en que ha tomado el mando una persona joven, con un mensaje claro, progresista y claramente de izquierdas. Lo hizo Felipe González. Lo hizo Zapatero. Ambos eran jóvenes y alcanzaron el poder al devolver la ilusión a los votantes socialistas. El PSOE se ha hundido cuando se ha querido una continuidad: Almunia o Rubalcaba.

Hay que renovarse si queremos sobrevivir, porque si no nos damos cuenta de esto es posible que se cumpla lo que advertí: nos podemos quedar como una fuerza política residual, porque nuestros votantes se irán hacia los partidos neo-comunistas. En Grecia está ocurriendo con el PASOK. En España no lo vamos a permitir.

HERMANOS REPUBLICANOS: DEBEMOS HACER CASO A ANA BOTELLA

El próximo jueves 19 de junio será proclamado Rey de España el ciudadano Felipe de Borbón y Grecia. Dicha proclamación tendrá lugar en el Parlamento, el lugar donde reside la Soberanía Popular, según dice la Constitución, soberanía popular que en esta legislatura es una impostura, ya que la representación de los ciudadanos en las Cortes es la consecuencia del mayor fraude electoral que Europa ha visto en su historia reciente, sólo superado, tal vez, por el pucherazo de George W. Bush en las elecciones de 2.000. En ambos casos los protagonistas son representantes de los partidos ultraconservadores, aquellos que se creen que el poder debe ser suyo por naturaleza o porque ellos son los hijos de la buena estirpe que, según Mariano Rajoy, es superior al resto de los ciudadanos. La fecha no es casual y nos retrotrae a otros tiempos en los que el Jefe del Estado celebraba por todo lo alto el día del Corpus Christi, yendo a misa bajo palio.

Ante este acontecimiento la alcaldesa de Madrid, temiendo que la ciudadanía no acudiera a jalear, aplaudir y lisonjear al nuevo Jefe del Estado y a su consorte, ha dictado un Bando en el que anima a los madrileños a hacer una «sencilla prueba de patriotismo» a los madrileños y salir a la calle para demostrar que los habitantes de la capital testimonian su apoyo a la Monarquía y a Felipe VI, el Preparado. La alcaldesa que no fue votada por los madrileños —al igual que el Presidente de la Comunidad Autónoma— pide a los madrileños que engalanen sus balcones con la bandera nacional como muestra del sentido homenaje hacia la Monarquía. En estos días en los que el Partido Popular y sus mamporreros mediáticos se están volcando en el apoyo a la continuidad de la voluntad de Franco el Ayuntamiento de Madrid también está realizando acciones para que el Bando de su alcaldesa se lleve a cabo. Se están enviando policías a los domicilios de quienes viven en las calles por donde pasará la comitiva para testar su espíritu monárquico. Después se envían a funcionarios para entregar a dichos ciudadanos banderas nacionales para que las cuelguen en sus balcones o en sus ventanas. Más o menos lo mismo que hacían los falangistas cuando Franco acudía a una localidad o simplemente pasaba por ella.

Desde esta pequeña tribuna me dirijo a ustedes, hermanos republicanos, para decirles que hay que hacer caso a Ana Botella. Los republicanos tenemos que hacer lo que la autoridad nos pide y convertir el día del 19 de junio un día histórico, un día que sea recordado, un día que pase a la historia.

En primer lugar, estamos obligados a hacer esa sencilla prueba de patriotismo llevando nuestro mensaje, nuestras reivindicaciones al recorrido de la comitiva de «el Preparado». ¿Acaso no es patriótico reclamar que seamos los ciudadanos quienes tengamos la posibilidad de elegir a nuestro Jefe de Estado? ¿Acaso es no ser patriota el rechazar el hecho de que la Jefatura del Estado español se encuentre en la línea diseñada por Francisco Franco Bahamonde con la Ley de Sucesión de 1947, donde se afirmaba que la Jefatura del Estado correspondía al Caudillo de España y de la Cruzada y que él era el único que tenía la prerrogativa de elegir la persona o la institución que debía sucederle. Eligió a Juan Carlos de Borbón y el modelo monárquico en 1969. Por tanto, la sucesión de Felipe de Borbón continúa con la línea marcada por el dictador. Esto determina que lo que está pidiendo Ana Botella es que se dé un homenaje a quien sigue la línea de la Jefatura del Estado marcada por Franco, por un dictador genocida. ¿Es eso patriotismo? Es más patriótico defender el espíritu democrático que defender la memoria y la voluntad de quien tuvo secuestrada la Soberanía Popular durante casi 40 años. Por todo lo anterior, los republicanos debemos hacer lo que Ana Botella pide y salir a la calle a mostrar al mundo que el verdadero patriotismo está en la defensa de la democracia y de sus esencias.

En segundo lugar, Ana Botella pide que se llene Madrid de banderas nacionales. Nosotros, los republicanos, debemos hacer exactamente lo que dice, pero sacando nuestras tricolores para enseñárselas a Felipe VI el Preparado. Los balcones del recorrido deben llenarse de señeras rojas, amarillas y moradas porque es el símbolo de la defensa de los valores democráticos, el sistema político que impera en España desde la muerte del dictador.

En tercer lugar, Ana Botella invita a los madrileños en particular y a los españoles en general a «vivir ese día memorable con alegría, orgullo y esperanza por todo cuanto significa para los españoles la asunción por el Rey Felipe VI del legado histórico de la Corona, como símbolo de la continuidad y la unidad de una gran Nación cimentada, como hay pocas en el mundo, sobre un proyecto común de más de cinco siglos de vida». Evidentemente, esto no lo ha escrito Ana Botella, pero ese es otro tema. Los republicanos debemos hacer precisamente eso, vivir con alegría y estar presentes en el recorrido de Felipe VI desde el Congreso hasta el Palacio Real para hacer visible la necesidad y la reivindicación de la celebración de un Referéndum sobre la Jefatura del Estado. Los defensores de la Monarquía afirman que la Corona tiene la legitimidad democrática que le otorgó el Referéndum de 1978. Sin embargo, eso es una mentira que de tanto repetirla desde aquella fecha parece ya una verdad inmutable. Los españoles no votamos (los que lo hicieron. Yo no lo hice porque tenía 4 años) el modelo de Jefatura del Estado, sino que votamos un texto constitucional donde se incluía la Monarquía Parlamentaria como la fórmula sobre la cual se asentaba dicha Jefatura. Por eso los republicanos debemos salir a la calle el jueves 19 para que se haga visible que existe esa sensibilidad que, a medida que pasa el tiempo, pasa de ser anecdótica a acercarse a una tendencia mayoritaria.

Hay que hacer caso a Ana Botella porque el mundo tiene que ver una multitud de banderas republicanas en el recorrido del recién proclamado Rey, el mundo tiene que ver que los españoles estamos pidiendo que se nos dé la palabra. Las movilizaciones que se han convocado están bien, movilizaciones que han sido prohibidas por el Partido Popular, como no podía ser de otra forma. Sin embargo, esas movilizaciones no tendrán eco, ni nacional ni internacional. Hay que formar parte del día de la proclamación de Felipe VI, el Preparado. Hay que estar ahí porque lo que se va a ver en la televisión será lo que ocurra en el recorrido desde el Congreso hasta el Palacio Real. Todo lo que ocurra en los alrededores apenas existirá. Nadie puede prohibir que los republicanos estemos en este recorrido, pero la propia parafernalia oficial, la propia Ana Botella nos brinda una oportunidad de que nuestro grito, nuestra reivindicación democrática tenga una gran visibilidad.

A modo de anécdota, me ha resultado significativo y curioso el propio trazado del recorrido. Para quien no conozca Madrid, el recorrido más lógico hubiera sido salir del Congreso en dirección a la Puerta del Sol por la Carrera de San Jerónimo y continuar hasta el Palacio Real por la Calle Mayor. Sin embargo, se ha elegido dar una vuelta por la Calle de Alcalá, Gran Vía, Plaza de España, Cuesta de San Vicente y Bailén. ¿Superstición por lo ocurrido con Alfonso XIII y el atentado de Mateo Morral?

Por tanto, hermanos republicanos, ese día hay que madrugar, hay que crear una cadena que cubra las primeras filas del recorrido y en el momento en que pase el Rolls de Felipe VI agitar nuestras tricolores y gritar nuestras justas reivindicaciones.

HEREDEROS

En estos días se vuelve a poner en candelero la eterna polémica acerca de la Memoria Histórica con la sentencia que obliga al Ayuntamiento de Vigo al derribo de una Cruz de los Caídos, un monumento falangista en honor a los «caídos por Dios y por España». Lo grave de este caso es que quien gobierna en la ciudad pontevedresa es el Partido Socialista, el mismo que, al fin, legisló en este aspecto durante el Gobierno de José Luis Rodríguez Zapatero. ¿Cómo es posible que en este país aún haya tantos y tantos vestigios de una dictadura genocida, ya sea en forma de monumento, placa o nombres de calles y plazas? Principalmente porque quien tiene el poder en la mayoría de ayuntamientos es el Partido Popular; porque el poder de la mayoría de las Comunidades Autónomas está en manos del Partido Popular; porque el poder en el Gobierno Central lo tiene el PP. El Partido Popular, la formación política heredera del franquismo, el partido que fue fundado por exministros de Franco, tales como Manuel Fraga, Licinio de la Fuente, Cruz Martínez Esteruelas, Federico Silva Muñoz,

Laureano López Rodó o Gonzalo Fernández de la Mora. Todos estos hombres tuvieron responsabilidades de poder tanto en los gobiernos de Carrero Blanco como en los de Carlos Arias Navarro y, por mucho que desde el Partido Popular se quiera hacer ver que su origen está en la UCD de Adolfo Suárez —que a su vez fue heredera del Partido Popular de José María de Areilza y Pío Cabanillas—, lo cierto es que el actual PP viene de donde viene, del franquismo sociológico que representaba Alianza Popular.

Esta es la razón principal por la que el Partido Popular aún no ha condenado al franquismo y por la que busca siempre excusas para cumplir y hacer cumplir la ley, en el caso que nos ocupa, la Ley de Memoria Histórica. Según ésta cualquier vestigio de la dictadura debía ser eliminada de las calles españolas. Sin embargo, Spain is different, y lo es incluso en un tema tan delicado como el que nos ocupa. Les pondré un ejemplo que, seguramente, comprenderán y harán suyo porque en sus pueblos o ciudades ocurrirá lo mismo. En la localidad donde mi familia suele veranear desde hace más de una década la calle principal se sigue llamando «Avenida del Generalísimo», con un callejero plagado de generales o de personajes del Régimen.

En la localidad vecina ocurre lo mismo, con avenidas dedicadas a Francisco Franco o al General Mola. En la propia capital de España hay zonas donde sus calles tienen nombres de generales o de héroes franquistas. La cosa va más allá y en este verano hemos comprobado que se siguen realizando misas por las almas de los caídos por Dios y por España, que se realizan homenajes a Blas Piñar o que desde altares la Iglesia pide un nuevo Alzamiento Nacional. En meses pasados hemos podido comprobar cómo un dirigente del Partido Popular se reía de las víctimas del franquismo insinuando que sólo han comenzado sus reivindicaciones de justicia cuando había subvenciones del Estado. Del mismo modo, hemos sido testigos de cómo personas con cargos públicos imponían medallas a la División Azul, a las tropas que Franco envió al frente ruso para incorporarse a las unidades nazis que invadían la URSS, tropas que, por cierto, llevaban el mismo uniforme que los alemanes. Igualmente, hemos podido ver cómo alcaldes del Partido Popular autorizaban la celebración de mercadillos fascistas o de cómo se intentaba comprar a concejales de otros partidos para que no votaran a favor de quitar símbolos fascistas de plazas y calles. En la España del PP hemos podido ver homenajes a la Legión Cóndor, la fuerza alemana que luchó en nuestra Guerra Civil y que, entre otros «méritos» destruyó Guernica. Del mismo modo, hemos comprobado cómo ministros y dirigentes del Partido Popular han asistido a la beatificación de presuntos mártires, de sacerdotes del bando nacional que fueron ejecutados durante la Guerra. Finalmente, ¿cómo es posible que siga abierta la tumba del dictador y que se permitan las visitas a la misma o que el propio Ministro de Interior vaya a meditar allí? Todo esto es sólo una parte de las cosas que ocurren en un país donde hay una Ley que prohibía la permanencia de esta simbología y donde se daba vida a quien durante décadas ha estado luchando por la justicia del reconocimiento o, simplemente, por el hecho de poder disponer de los restos de quien fue represaliado y asesinado por la simple razón de pensar o de tener una ideología diferente del Régimen. Comparemos este escenario con el que existe en Alemania, un país donde Hitler impuso un régimen del terror similar al que implementó Francisco Franco en España. Allí no hay calles dedicadas a Göring, Goebbels, Hitler, Kaltenbrunner, Heydrich, Himmler o a los generales Jodl o Keitel. Tampoco hay simbología ni monumentos nazis en las calles. Por el contrario, todo lo referido a esta ideología está prohibido, es un delito. En España no ocurre esto, sino todo lo contrario, tal y como los hechos referidos anteriormente demuestran. En España no se respeta a las víctimas, más bien se las vilipendia con la peor condena que se puede imponer: el olvido.

En septiembre de 2013 y a principios de 2014 visitó España el Grupo de Trabajo de Naciones Unidas sobre Desapariciones Forzadas e Involuntarias para reunirse con distintas asociaciones de víctimas del franquismo y por la Recuperación de la Memoria Histórica y evaluar la actuación del gobierno de Mariano Rajoy en lo referente a este asunto. Siguiendo la actitud propia de la derecha heredera del Movimiento Nacional, el gobierno del Partido Popular se negó a facilitar a la ONU cualquier tipo de información sobre el tema. Tras esta primera visita realizaron un informe preliminar que era demoledor para el gobierno. Lo primero que certificó la ONU es que el gobierno tenía que dejar de poner la Ley de Amnistía de 1977 como cortina para no hacer frente a las responsabilidades jurídicas ante delitos de lesa humanidad que no prescriben. También se reclamó una investigación exhaustiva e imparcial que culminara en graves condenas para los responsables de ese genocidio, así como una reparación adecuada para las víctimas.

Tras este informe preliminar el gobierno de Mariano Rajoy dijo que tendría en cuenta las recomendaciones de la ONU. Ya se imaginan ustedes que no hicieron nada que no fuera guardar silencio u obstaculizar las peticiones de extradición de torturadores por parte de la justicia argentina, peticiones que los órganos de la justicia española han rechazado.

En febrero de 2014 el informe final no podía ser más duro con España. En primer lugar se critica de forma contundente que este país no haya enjuiciado y condenado los crímenes de la dictadura franquista y que la Ley de Amnistía de 1977 sea tomada como una «Ley de Punto Final» que deje impunes los crímenes de un régimen dictatorial que aplicó la represión y el asesinato como forma de mantener a la población a raya. El Partido Popular tiene la desvergüenza de condenar a la dictadura cubana o a la pseudo-democracia venezolana mientras que no mueve un dedo para reparar los daños del franquismo. La ONU pide que la Ley de Amnistía sea derogada y permita juzgar a los criminales que torturaron y asesinaron a quienes no pensaban igual que ellos o que luchaban contra la dictadura.

Este verano la ONU ha vuelto a solicitar al Gobierno de Mariano Rajoy que haga algo en lo referente a las desapariciones forzosas y a la reparación de las víctimas del franquismo. Ante la pasividad del gobierno del PP en este tema la ONU puso un plazo de tres meses para presentar un cronograma de medidas a tomar en lo referente a las víctimas del franquismo y a aquellos que desaparecieron de manera forzosa como consecuencia de la represión de la dictadura. Ante esto el Partido Popular, a través de uno de sus órganos de propaganda, el Telediario de RTVE, respondió como siempre: olvidándose de estas víctimas y, por tanto despreciándolas, en una pieza dedicada a las desapariciones forzosas en el Día Mundial de los Desaparecidos.

¿Qué hará el PP ante las constantes condenas de la ONU? ¿Qué hará Mariano Rajoy ante quienes le reclaman justicia y que se les repare todo el daño que se les hizo? Nada, no harán nada, ya que parten de la base de que hacer justicia a las víctimas del franquismo abriría de nuevo heridas que fueron cerradas en la Transición. Este argumento es una falacia ya que no se puede reabrir una herida que no fue cerrada, una herida que, sin embargo, se va a abriendo más y más con cada desprecio por parte de los ultraconservadores españoles. La reconciliación de los españoles, de las «dos Españas», sólo podrá hacerse efectiva cuando los familiares de los represaliados, de los asesinados, de los que descansan en las cunetas, puedan recibir a sus familiares, puedan sentir que el Estado del que forman parte hace justicia para con ellos. La gran mayoría de estas víctimas sólo piden que se les den los medios para buscar a sus familiares asesinados para poder enterrarlos y tener un sitio donde honrar su memoria. Mientras que en otros casos, como el de los niños asesinados por José Bretón, donde Ruth Ortiz reclama los pocos restos de sus hijos para poder enterrarlos, son puestos a la luz en los medios de comunicación y tienen una actitud favorable por parte de la opinión pública porque es de justicia que una madre pueda enterrar a sus hijos, los mismos medios de comunicación, por presiones políticas, se olvidan de que esa reivindicación es la que tienen las víctimas del franquismo: poder enterrar a sus seres queridos. Es la doble vara de medir de los ultraconservadores españoles.

Por otro lado tenemos la cuestión penal. Mariano Rajoy, su partido y sus militantes olvidan que los delitos de desaparición forzosa no prescriben, que los crímenes contra la Humanidad no prescriben, y la represión franquista fue un crimen contra la Humanidad puesto que se realizó una limpieza ideológica similar a la que ejecutó Adolf Hitler en Alemania. Muchos de los criminales responsables de estos crímenes ya han muerto, incluido el propio Franco. Sin embargo, muchos siguen vivos, sobre todo aquellos que tuvieron responsabilidades políticas o policiales durante el Tardofranquismo. No son juzgados porque la Ley de Amnistía de 1977 está siendo interpretada como una Ley de Punto Final. Sin embargo, dicha Ley no es aplicable a lo que reclaman las víctimas del franquismo ya que no hay prescripción del delito. No obstante, la Justicia española se sigue oponiendo a que estos criminales sean juzgados o sean extraditados a países que sí han abierto causa contra los crímenes franquistas.

El porqué de esta actitud obstruccionista y de este desprecio que se tiene por parte del Partido Popular hacia las víctimas del franquismo es obvio: son herederos de quien son y no van a juzgar al Régimen franquista ni van a hacer justicia a quienes desprecian, desprecio extensible a lo que esas víctimas defendieron, tal y como estamos viendo en su manera autoritaria de gobernar. Son herederos de quien son y todos lo sabemos.

COHERENCIA, POR FAVOR, COHERENCIA: SOMOS REPUBLICANOS

Esta semana se va a votar en el Congreso de los Diputados la convocatoria de un referéndum sobre el modelo de la Jefatura de Estado. ¿Monarquía o República? Todo viene de la moción por la que el Grupo de la Izquierda Plural de la pasada semana en el Congreso de los Diputados y que generó un duro debate entre Alberto Garzón y Soraya Sáez de Santamaría, un duro debate pero que fue muy interesante, sobre todo a la hora de ver la posición entre el partido en el gobierno y la de muchos republicanos. Debido a los procedimientos del Congreso, esta moción por la que se solicita la convocatoria de una consulta ciudadana será votada el martes. Sólo con la mayoría absoluta del PP dicha moción no será aprobada, por lo que los ciudadanos nos volveremos a quedar sin la posibilidad de dar nuestra opinión acerca de quién queremos que sea el Jefe del Estado: un rey o un Presidente de la República.

Los defensores del modelo monárquico afirman que ya se votó en 1978, que el pueblo ya dictaminó a través de referéndum que quería a la Monarquía como la depositaria de la Jefatura del Estado. Esto es una verdad a medias, por no decir que es una falacia de marca mayor, ya que en 1978 no se votó quién debía ser el Jefe del Estado, sino que se incluyó en un pack. La Monarquía estaba dentro del texto constitucional que debía ser aprobado por los españoles. Sin embargo, no se les dio a elegir este aspecto en concreto. De este modo, la ciudadanía se encontró con una especie de chantaje que se podría resumir en que si el pueblo quería democracia había que tragar con un Rey. Se votó una Constitución que, en este punto, acataba la voluntad de Franco.

El debate sobre Monarquía o República se avivó el pasado mes de junio con la abdicación de Juan Carlos I y la proclamación de su heredero Felipe de Borbón y Grecia como Jefe del Estado español. El sólo hecho de que la máxima institución de un país se transmita por razones genéticas y no por la voluntad de los ciudadanos, voluntad expresada a través del sufragio, ya es un atentado al sistema democrático, ya va en contra de los principios fundamentales de la democracia. Sin embargo, la transmisión se realizó sin problemas gracias a la mayoría absoluta del Partido Popular —el garante de que nada cambie— y al apoyo del PSOE, UPyD, UPN y Foro Asturias. El entonces Secretario General socialista, Alfredo Pérez Rubalcaba, afirmó que el voto del Grupo Socialista sería afirmativo dado que entonces no se votaba el modelo de Estado. Podría tener su sentido. Sin embargo, cualquier movimiento que sirva para perpetuar a la Monarquía en la Jefatura del Estado es ir en contra del espíritu republicano del PSOE. Aceptamos pulpo como animal de compañía y nos quedamos a la espera de que se realizara esa votación solicitando la consulta ciudadana.

El PSOE es un partido republicano, por mucho que haya dirigentes que pongan como coartada para no ponerse al frente de la reivindicación de la consulta la tan manida responsabilidad institucional. Cuando se votó la Ley de Abdicación se dijo que el sentido de la votación no era la dicotomía Monarquía o República. Esta semana sí que se plantea ese debate en el Congreso y, tal y como parece, el Partido Socialista votará en contra de la convocatoria de un referéndum. Si así ocurriera estaríamos ante otro nuevo error, ante una nueva traición hacia el espíritu del propio partido, hacia los militantes, simpatizantes y votantes que llevan depositando su confianza en el proyecto socialista desde los primeros comicios en 1977. Los actuales dirigentes deben ser leales a su ideología y no al postureo de la falsa lealtad hacia un modelo de Jefatura de Estado que es cualquier cosa menos democrático, y lo que hay que defender es a la democracia.

No es una cuestión menor. El PSOE se va desangrando poco a poco gracias a la incompetencia de algunos, gracias al abandono de las esencias socialistas, gracias a la incongruencia de muchas de las decisiones tomadas, tanto en el gobierno como en la oposición. Votar en contra de la convocatoria de un referéndum será un nuevo paso hacia la conversión del Partido Socialista en un partido residual porque muchos de los que quedan fieles y no han cambiado el sentido de su fidelidad hacia otras opciones. No hay más que ver con quién se alineó el PSOE al votar a favor de la Ley de Abdicación: PP, UPyD, UPN y Foro Asturias. Todos partidos conservadores, más otro con la única ideología de su lideresa.

El actual Secretario General debe darse cuenta de un hecho: votar en contra del referéndum es traicionar a sus militantes, a sus simpatizantes y a sus votantes. Votar en contra del referéndum sería abrir una nueva vía para la salida de ciudadanos desde el barco socialista hacia el de otras opciones de izquierda. Votar en contra del referéndum es ir en contra de la coherencia socialista. Votar en contra de la convocatoria del referéndum sería traicionar la memoria de los miles de socialistas que murieron o que fueron represaliados por defender la democracia y la república. Sólo le quiero recordar a Pedro Sánchez que en Congresos fundamentales para entender la historia actual del PSOE o para comprender cómo un partido que crecía a la sombra del PCE de Santiago Carrillo llegó al poder se gritaba el «España, mañana, será republicana», mientras que se ondeaban banderas tricolores. Pedro Sánchez debe recordar cómo en las manifestaciones que se convocaron en muchas capitales de provincia tras el anuncio de abdicación de Juan Carlos había cientos de banderas del PSOE. Un voto contrario al referéndum sería traicionar la propia historia de un partido con 135 años de vida.

El PSOE no debe esconderse tras la cortina de la lealtad institucional porque solicitar que sean los ciudadanos quienes decidan el modelo de Jefatura del Estado no es deslealtad. El artículo 92 es el que determina la legalidad de dicha consulta. Si es la propia Constitución, ¿por qué hay que ponerse en contra? ¿Solicitar algo que está legislado en el propio texto constitucional es se desleal? Ser desleal es traicionarse a uno mismo.

Sólo espero que no volvamos a ser incoherentes con nosotros mismos, con nuestro propio espíritu republicano y el Grupo Socialista vote a favor del referéndum. Es el único modo de que podamos mantener un discurso coherente con el hecho de ser de izquierdas y republicanos.

LA HERENCIA DE INGVAR

Nos acercamos al tercer año de Legislatura del Gobierno de Mariano Rajoy y a medida que va pasando el tiempo España huele más a tierra quemada. Durante todo este tiempo el único argumento sobre el que se asienta la actitud destructora del Ejecutivo del Partido Popular es la herencia recibida de Zapatero. Este argumento es una falacia pero, electoralmente hablando, un embuste útil. Cada vez que en el Congreso se habla de cualquier tema, los miembros del gobierno siempre tiran de él para, primero, desgastar al principal partido de la oposición, y, segundo, para no dar explicaciones de su nefasta gestión. La herencia recibida es la cura del tío Benito que enmascara el principal objetivo del partido ultraconservador español: la imposición de un sistema neoliberal donde priman las élites y los mercados sobre los ciudadanos.

Cuando se habla de economía, los miembros del gobierno tiran de la herencia recibida para hablar de una deuda desbocada, para invocar al despilfarro de las instituciones públicas como el origen de la situación que se encontraron y que les llevó a aplicar las reformas más duras que se han visto en Europa y que iban en contra de los intereses de los ciudadanos. Afirmaban sin rubor que ellos no querían, pero que la situación les obligó. Sin embargo, mientras decían esto, un gustirrinín les recorría el espíritu neoliberal que un buen «pepero» lleva de serie. Primero los mercados, después las élites y, si sobra algo, los ciudadanos. Lo que olvida el PP cuando invoca a la herencia recibida en lo económico es que la situación que se encontraron es la consecuencia de sus propias políticas y de sus propias reformas cuando gobernaron con José María Aznar.

Cuando se habla de desempleo o del mercado laboral, tienen la desvergüenza de afirmar que ellos se vieron obligados a legislar contra los intereses del pueblo y favorecer a la clase empresarial porque el PSOE destruyó 3,5 millones de empleos. El dato es cierto, en la segunda legislatura de Zapatero el desempleo se incrementó en esa cifra. Sin embargo, lo que no dicen es que esos millones de empleos destruidos son la consecuencia de la explosión de la burbuja inmobiliaria que ellos crearon. Lo mismo ocurre cuando se les habla de pobreza o desigualdad social. Siempre están los 3,5 millones de desempleados para enmascarar su responsabilidad en la destrucción del mercado laboral, de la negociación colectiva y de los derechos de los trabajadores.

Cualquier tema que salga en el debate político será refutado con la herencia recibida. Los recortes en educación y sanidad, la reducción de derechos civiles de los españoles. Todo es culpa de Zapatero, del satánico Zapatero. Sin embargo, ¿qué herencia nos va a dejar el Partido Popular?

A nivel económico esta legislatura nos deja la sumisión total de la soberanía económica española a los poderes de los mercados. Si la entrada en el Eurogrupo ya la limitaba, el gobierno de Mariano Rajoy se ha entregado a instituciones no democráticas, no elegidas por el pueblo. Esta sumisión tiene consecuencias graves para los ciudadanos, consecuencias que van a tener que sufrir varias generaciones. Organizar la estrategia económica del Ejecutivo en base a las recomendaciones del FMI, de la OCDE o de la Comisión Europea es un suicidio para el bienestar del pueblo porque esos poderes están entregados a los intereses de las élites económicas. La crisis y el cambio de modelo capitalista se han coaligado para materializar la imposición a los Estados de un neoliberalismo con el relato de que es el único modelo sostenible y, Mariano Rajoy, como neoliberal convencido, se lo ha creído de tal modo transformándose en el paladín. Esta entrega de la economía española provoca mayor desigualdad: las clases y las élites son más poderosas mientras que las clases trabajadoras se ven abocadas a la explotación. Esta es la herencia que nos dejará el PP cuando abandone la Moncloa. Basar la salida de la crisis que ellos crearon al centrar el modelo productivo en la construcción y la especulación en la macroeconomía dándole la espalda a la economía real es lo contrario a las verdaderas necesidades de los españoles, necesidades que se acentúan y se hacen urgentes como lo podemos comprobar en los datos de pobreza que este gobierno quiere tapar y que las ONG's hacen públicos. El aumento de la pobreza y la malnutrición de los españoles es la herencia que dejará Rajoy.

A nivel de empleo Mariano Rajoy nos va a dejar un panorama semejante al que podía haber en el siglo XIX: los patronos han recibido del Gobierno del PP todas las herramientas para precarizar de tal modo el empleo y los salarios que disponer de un empleo no es sinónimo de subsistencia. La propaganda ultraconservadora afirma que el desempleo está bajando. Sin embargo, ocultan que las horas de trabajo también se reducen. El gobierno afirma que la recuperación económica se ve en el descenso de las cifras del paro. No obstante, la población activa ha descendido, cientos de miles de españoles se han marchado, las CCAA gobernadas por el PP buscan cualquier tipo de triquiñuela estadística para enmascarar la realidad. La herencia de Mariano Rajoy va a ser un mercado laboral marcado por la precariedad y los salarios de miseria. Esta es una de las claves de cualquier régimen neoliberal: plantear un escenario de miseria para que la desesperación de los trabajadores por tener un empleo les lleva a aceptar cualquier cosa, sin protección y renunciando a sus derechos. La realidad que nos va a dejar la derecha va a ser mucho más dura que la que se encontró para la clase trabajadora porque, según el discurso del Partido Popular, estos «sacrificios» llevarán a las empresas españolas a ser más competitivas de cara al exterior. Esto es una falacia, además de una mezquindad. ¿Acaso las condiciones laborales de alemanes y suecos, por ejemplo, hacen que sus empresas sean menos competitivas? ¿Cuánto supone el coste laboral para las empresas norteamericanas? La idea es convertir a los trabajadores españoles en los bangladesíes europeos con la excusa de la competitividad: más horas de trabajo, salarios de miseria. Ese no es el camino, pero es la senda que ha implementado Mariano Rajoy y que nos dejará como herencia.

Con el Partido Popular el Estado Social está desapareciendo. La educación pública, una de las conquistas logradas tras la muerte de Franco, se está depauperizando de tal manera que estamos asistiendo al «corpore in sepulto» del sistema educativo español. Mariano Rajoy, sus cómplices ministeriales y sus asociados en las CCAA aprueban constantemente leyes y reformas que empobrecen en sistema público de educación en todos los niveles, con el único fin de fortalecer el entramado de la educación privada. Muchos de los fondos recortados a los centros públicos se destinan a subvenciones para los privados. Se recorta la ratio de profesores, se aumentan los alumnos por aula, se niegan recursos económicos fundamentales, se aumentan las tasas universitarias. Los padres que aún pueden permitírselo porque son privilegiados al mantener su puesto de trabajo en las mismas condiciones que antes de noviembre de 2.011 envían a sus hijos a los centros privados porque, al final, el coste es casi el mismo. De este modo se amplía la desigualdad que la educación pública pretende igualar. Para el pensamiento de un «pepero» no es de recibo que el hijo de un trabajador tenga las mismas oportunidades que un hijo de la élite. Mariano Rajoy ha potenciado la Formación Profesional, no como un modo de reforzar el mercado laboral, sino como el medio para fabricar obreros sumisos en vez de titulados universitarios contestatarios. Recortar en educación es una de las marcas de identidad de cualquier Estado autoritario porque al no tener a un pueblo culto se logra tener a ciudadanos sumisos. Mariano Rajoy nos va a dejar un sistema educativo basado en la generación de desigualdad, esa va a ser su herencia.

Lo mismo ocurre con la sanidad. Aquí se han escondido menos y directamente se han lanzado a la idea de privatizarla. Por mucho que nos quieran vender la idea de que la gestión privada es mejor, que no afectará a los niveles de atención, que seguirá siendo universal y gratuita, lo cierto es que la privatización de la sanidad cambia el espíritu de la misma, ya que los pacientes pasan a ser clientes y, como cualquier empresa, la gestión de los centros, ya sean Centros de Salud, ya sean Clínicas, ya sean Hospitales, lo que va a marcar los niveles de atención será la Cuenta PyG y no las ratios de efectividad. Si una empresa privada tiene pérdidas, reducirá su inversión, y donde primero se reduce es en personal, es decir, menos médicos, menos enfermeras, menos celadores o menos auxiliares de enfermería. Por tanto, la herencia de Mariano Rajoy en este sentido será el inicio de los procedimientos para la destrucción del Sistema Nacional de Salud con el único fin de implantar un sistema sanitario similar al de los Estados Unidos, un sistema cimentado en los seguros privados.

Mariano Rajoy y su gobierno nos van a dejar los derechos sociales en niveles próximos a los que había durante la dictadura. En la España del PP hay de nuevo presos políticos con la persecución de los sindicalistas que ejercían su derecho a la huelga. Se quiere eliminar de manera subrepticia dicho derecho, tal y como afirmó el propio Presidente del Gobierno. La imposición de servicios mínimos superiores al 50% provocan que la huelga, el arma fundamental de los trabajadores para defender sus derechos, queda totalmente depauperado. Si se obliga a la clase obrera a cumplir unos servicios mínimos y se le suma el cáncer del «esquilorismo» provocado por el miedo a perder el empleo la huelga como derecho queda desactivada. En la España de Rajoy se ha aprobado una Ley que amordaza totalmente los derechos de reunión, expresión y manifestación, una Ley que es mucho más dura que la del franquismo. Hemos sido testigos de cómo manifestaciones pacíficas han sido reprimidas por la policía, represión de la que es culpa las correspondientes Delegaciones de Gobierno y del Ministerio del Interior. Del mismo modo en la España de 2.014 se ha visto cómo ciudadanos que pacíficamente expresaban su opinión el día de la proclamación de Felipe de Borbón como Jefe del Estado, sin pasar por las urnas, por el simple hecho de mostrar banderas republicanas. La libertad de prensa también ha sido emponzoñada por este gobierno al incorporar a la tradicional a sus órganos de propaganda, prensa que sólo es contestada por la prensa libre, la prensa digital, prensa que no tiene el mismo alcance que la tradicional. Es muy duro que en un país democrático se continúe hablando de prensa libre y es una demostración del destino hacia el que nos quiere llevar este gobierno. Por tanto, cuando Mariano Rajoy sea expulsado por el pueblo del Gobierno, nos dejará un país con derechos nominales, pero no efectivos.

Finalmente, Mariano Rajoy nos va a dejar unas instituciones del Estado secuestradas. El Parlamento ha quedado reducido a la voluntad del PP en vez de aceptar cualquier tipo de consenso con el resto de partidos de la oposición. Mariano Rajoy ha impuesto la dictadura parlamentaria como modelo de gobierno, es decir, que utilizan los procedimientos democráticos como coartada para imponer métodos autoritarios. Han colocado a hombres de ideología ultraconservadora en los puestos clave de la Justicia con el único fin de tener el aval jurídico de los desmanes democráticos que están implementando. Han utilizado a la Fiscalía General del Estado como abogados defensores de una ciudadana. Han blindado la implantación de su ideología neoliberal, ideología que es contraria a la esencia democrática, puesto que antepone los intereses de las élites económicas a los intereses reales del pueblo.

Al igual que Ignvar, el Deshuesado, el caudillo vikingo del siglo XI, Mariano Rajoy va a arrasar la democracia sin posibilidad de vuelta atrás por el blindaje impuesto. En sus incursiones los barcos de este caudillo arrasaban de tal modo los poblados de la costa que tardaban una generación en volver a recuperarse. La herencia del PP va a ser más dañina aún para los ciudadanos que la que nos quieren vender desde el Partido Popular que dejó Zapatero, porque la herencia de ZP es la que dejó «en diferido» José María Aznar con la burbuja inmobiliaria y poner el peso del mapa productivo en manos de la especulación. El ejemplo lo tenemos en Reino Unido y la herencia que dejó Margaret Thatcher. El país aún no ha recuperado los canales democráticos ni muchos de los derechos sociales que derogó la Dama de Hierro. Rajoy nos va a dejar la democracia y el país como Ignvar dejaba los pueblos a los que asaltaba: tardaremos varias generaciones en arreglarlo devolver nuestro sistema democrático a los niveles por los que lucharon y murieron nuestros mejores.

EL PARO ESCONDIDO TRAS LA CORTINA CATALANA

En estos días en que la política española anda revuelta con la consulta catalana del 9 de noviembre, cuando los telediarios y las portadas de la prensa tradicional convertida en vocera y en órgano de propaganda del Partido Popular hablan y hablan del referéndum, hay un hecho que se está olvidando y dejando de lado: la presentación de los Presupuestos Generales del Estado y de las intenciones del Gobierno de Mariano Rajoy para el último año de legislatura. Como pudimos comprobar en la rueda de prensa tras el Consejo de Ministros del pasado viernes nos encontramos ante unos PGE marcados por las Elecciones que se nos vienen al año que viene. Todo es propaganda, todo es falsedad, todo es mentira. Lo único que les interesa es volver a engañar a los ciudadanos con el espejito que los conquistadores daban a los indios americanos, intentando que pequeñas limosnas hagan olvidar los años de desgracias que esta gente nos ha hecho sufrir a los ciudadanos. La consulta catalana le está sirviendo a Rajoy para tapar muchas cosas. Hay que sumar a lo referido a los PGE el hecho de que esta semana el juez Pablo Ruz ha constatado que el Partido Popular fue el principal beneficiario del dinero ilícito de la Trama Gürtel. Esto ha quedado silenciado por Artur Mas y Jordi Pujol. En los informativos televisivos, la principal fuente de información de los ciudadanos, apenas se ha mencionado, por no mencionar los órganos de propaganda del Gobierno de la prensa escrita tradicional, donde las portadas eran monotemáticas.

Esta semana van a salir los datos de paro registrado correspondientes al mes de septiembre. Marhuenda aún no ha filtrado nada, por lo que se sobreentiende que van a ser catastróficos para el Partido Popular y van a demostrar que la mejoría del comportamiento del desempleo no eran más que un espejismo, que no eran más que un reflejo de que el mercado laboral español sigue en manos del turismo y que mejora o empeora dependiendo de las campañas tradicionales. Del mismo modo que el paro registrado y la EPA del segundo trimestre demostraron que el empleo se estaba recuperando en datos absolutos, el Gobierno y sus órganos de propaganda mediáticos se olvidaban de dar un análisis certero de esos datos, que en el titular quedaba muy bonito y les daba un argumento para reafirmar su propaganda de la recuperación, pero que la realidad que tanto quieren ocultar les desmentía. No debería ya extrañar este comportamiento teniendo en cuenta que nuestro gobierno es el más mentiroso de la historia de la democracia.

Esos datos del paro registrado van a confirmar lo que economistas como José Carlos Díez o Antonio Miguel Carmona llevan clamando desde que gobierna Mariano Rajoy: las políticas que ha impuesto el Partido Popular a los españolas están empeorando las condiciones de los ciudadanos en todos los niveles, lo que ya de por sí es un fracaso de cualquier acción gubernamental porque si un Ejecutivo ataca constantemente a quienes deben ser beneficiados por dicha acción es el claro ejemplo de que el principal objetivo de cualquier gobierno ha sido dejado de lado para cumplir con otras obligaciones que lo que han estimulado es una verdadera traición a quien detenta la Soberanía del Estado.

El tratamiento que ha hecho el Gobierno de Mariano Rajoy del mercado laboral ha sido nefasto para los ciudadanos, tanto los que ya estaban parados como consecuencia de la explosión de la burbuja inmobiliaria que ellos mismos crearon, como de los que han perdido el empleo gracias a la Reforma Laboral de 2.012. El primer problema de los españoles ha sido tratado con irresponsabilidad y con malas artes, dejando a la clase trabajadora, tanto de rentas bajas como de rentas medias, sin los derechos que tanto costaron conseguir tras la caída del franquismo. La claudicación plena del Gobierno ante las reivindicaciones de la CEOE han traído más paro, más desigualdad, miedo y precariedad, nada de lo que se prometió cuando se impuso la Reforma Laboral sin ningún tipo de consenso con los partidos de la oposición ni de negociación con los sindicatos, es decir, que esta Reforma nació con la ilegitimidad democrática de cualquier ley impuesta por un Estado totalitario. Los efectos ya los conocemos: incremento de los contratos temporales a tiempo parcial o de formación, reducción de la contratación indefinida, derogación de facto de la jornada completa, facilidades para el despido libre e impunidad para los empresarios a la hora de ejecutar despidos colectivos incluso en empresas viables y con beneficios. Este Gobierno ha basado la recuperación económica en la destrucción de empleo para que los beneficios no caigan.

Todo parte del hecho de que el Partido Popular vive de la propaganda y de las mentiras propagadas por su red mediática, por toda la prensa escrita. Quieren vender recuperación mientras la realidad demuestra la depauperización de las condiciones de vida de los españoles. El Gobierno afirma sin ningún tipo de rubor que el desempleo está bajando. Grandes titulares de la cabecera heredera de El Alcázar o de Arriba, afirmaban que ya había menos parados que con Zapatero. Todo es falso, todo es mentira. No hay recuperación para el pueblo porque la mejora de la economía española sólo está en la nube de la macroeconomía, sólo está en los rendimientos del capital, de ese nuevo capital especulativo que tiene más ganancias de las que proporciona la red productiva, el empleo. Comparemos datos y veamos si la situación dejada por el Partido Socialista es mejor o peor de la actual. Gracias a las medidas del Partido Popular la población activa se ha reducido porque se calcula que un millón de personas se han marchado al extranjero a buscarse la vida, a tener un proyecto de vida que en su país no existe. Gran parte de esos exiliados económicos son jóvenes menores de 30 años e inmigrantes que vinieron a buscar un futuro y que se han visto obligados a retornar a sus países de origen. Cuando llegó Mariano Rajoy a la Moncloa había una tasa de paro del 22,85%, mientras que actualmente hay un 24,47%. Ambos datos son inadmisibles, pero Zapatero tuvo que lidiar con la destrucción del sector sobre el que se había asentado la economía y el empleo durante una década mientras que Rajoy ha tenido tres años para generar las políticas de creación de empleo necesarias para revertir la situación, cosa que no ha hecho ya que ha convertido a este país en una máquina de destrucción de empleo y de precarización del mismo.

Lo que realmente le importa al Partido Popular es la cifra final del paro. Hay que hacer lo que sea para dejar el desempleo por debajo del socialista. Para lograr este objetivo la Reforma Laboral dio a la clase empresarial las herramientas para disgregar el empleo, para favorecer la contratación a tiempo parcial en contra del tiempo completo. Sin embargo, esta precarización en las condiciones de trabajo no aparece en los medios encargados de propagar las falsas verdades del PP. Sólo en la prensa libre se hace mención de ello. Hay un dato que revela la situación del mercado laboral del Partido Popular: el número de horas trabajadas ha descendido mientras desde el Gobierno se nos intentaba vender la idea de que el empleo se estaba recuperando. Este hecho hace que la realidad es que habría que incrementar los datos oficiales en más de 180.000

personas en base a la reducción de horas y en 135.000 en base al empleo repartido y precarizado. Las empresas están prescindiendo de trabajadores con salarios dignos y contrato a tiempo completo para incluir a dos trabajadores con contrato a tiempo parcial, imputando la indemnización por despido del trabajador a tiempo completo en una reducción salarial de los dos precarios. Con este panorama las estadísticas demuestran que el paro se ha reducido en un trabajador. Sin embargo, la productividad sigue igual.

A todo lo anterior hay que sumar las triquiñuelas de trilero que utilizan las CCAA gobernadas por el PP para reducir parados sin que encuentren trabajo. David Copperfield estaría orgulloso de estos dirigentes al hacer magia, al conseguir que baje el paro sin crear empleo. En los últimos días hemos visto cómo la Secretaria General del Partido Popular ha eliminado a más de 50.000 personas de las listas del paro. En Castilla La Mancha no se ha creado ese número de empleos. La desvergüenza y la falta de escrúpulos de la derecha provocan estas situaciones surrealistas que generan más ganas de vomitar que otra cosa.

Por tanto, si sumamos unas cosas y otras, nos damos cuenta de que el Partido Popular sigue mintiendo en la tasa de desempleo. No crean empleo, sino que lo están destruyendo. La Reforma Laboral está logrando sus objetivos gracias al miedo a la pérdida de trabajo de la clase obrera. Ese miedo viene determinado por una razón: no hay empleo, los empresarios españoles no crean empleo porque les es más útil mantener la precariedad que les garantiza que la crisis no afecte a la cuenta de resultados. Los trabajadores españoles, gracias a la burbuja inmobiliaria, se endeudaron en hipotecas, préstamos personales que les hacen tener unas obligaciones que sin empleo no podrían atender. Adams, uno de los creadores del pensamiento económico liberal, afirmaba que para someter a la clase obrera sólo había que endeudarla. El PP, como buenos herederos de Margaret Thatcher, llevó a los españoles a esta situación de endeudamiento privado como el modo de someterlos en el futuro y poder imponer su modelo de condiciones laborales, modelo que está más cercano a la explotación que de otra cosa.

El pasado viernes el Ministro de Economía, en un mensaje totalmente electoralista, afirmó que en 2.015 se crearán 300.000 empleos. Yo no sé qué fuman en los Consejos de Ministros o que piensan que tienen impunidad para mentir descaradamente.

Ya les sirvió para llegar al poder en 2.011 y piensan que los españoles seguimos siendo idiotas como para creernos esas previsiones. La base de ingresos del Estado sobre la que se basa esa recuperación que asentará la creación de empleo y que se incluye en los PGE es una farsa, están infladas. Sin embargo, el propio intento de vender humo se les vuelve en contra porque con estas cifras que propone De Guindos el Partido Popular dejará al país con 700.000 personas desempleadas más que 2.011. El solo hecho de que reconozcan su incapacidad para crear empleo real y sin recurrir a triquiñuelas ni a precarizar empleos y salarios para maquillar los datos son causa para que dimitan inmediatamente y convoquen elecciones. No lo harán porque cuando no se tiene decencia política no se puede esperar que la apliquen. Si sumamos el millón de personas que han tenido que exiliarse de España con los 700.000 que el propio Gobierno reconoce que van a dejar de más respecto a los datos de Zapatero y a los 305.000 que los economistas calculan que se hubieran destruido sin la precarización de la Reforma Laboral, tenemos que Rajoy habrá destruido más de 2 millones de empleos.

Sin embargo, de un tema tan delicado no se habla. Tenemos Catalunya y tenemos a Pujol. El día que salgan los datos del paro registrado de septiembre no se preocupen ustedes que aparecerá alguna noticia relacionada con el proceso catalán o con el fraude de la familia Pujol. Ya se encargará alguien de realizar a la prensa controlada alguna filtración interesada. Personalmente, me gusta más una conspiración que a un chivo la leche, pero cada vez la teoría de que todo el proceso catalán está pactado entre Mas y Rajoy va ganando peso, va siendo más realidad que mera teoría de la conspiración. Nuevamente, la derecha se echa a los brazos de los nacionalistas y de sus reivindicaciones para crear cortinas de humo para que no se hable de otras cosas. Y así estamos.

PODEMOS ENDULZARTE LOS OÍDOS

La irrupción de PODEMOS en la vida política española es un fenómeno que requiere un estudio intenso y riguroso. ¿Por qué una asociación política con apenas tres cuartos de año de vida está logrando una aceptación tan grande entre los ciudadanos? ¿Qué tiene PODEMOS o su mensaje que no tienen los partidos tradicionales? ¿Han sabido recoger el descontento de los ciudadanos hacia la clase política? Lo que está claro es que parece que han acertado con el tono de su discurso para hacerlo interesante. Sin embargo, ¿es viable PODEMOS como fuerza de gobierno? Personalmente, creo que no porque las soluciones que ellos están aportando están marcadas por algo que es efectivo de cara al pueblo, pero que no lo es en lo referido a la ejecución de acciones de gobierno. El proyecto de la formación de Pablo Iglesias, Juan Carlos Monedero e Íñigo Errejón está basado en una base muy simple: prometer lo que los ciudadanos quieren oír, endulzar los oídos de los votantes con propuestas que son irrealizables, utópicas o que llevarían al desastre al país. Esa forma de hacer política se llama populismo, y, tal y como ha demostrado la Historia, el populismo lleva siempre hacia el totalitarismo.

La crisis económica ha destapado muchos de los defectos de la clase política española y, sobre todo, ha desmontado la estructura de la democracia que fue aprobada por todos los españoles durante la Transición. De igual modo, el descontento de los ciudadanos ha hacho evidente que es necesaria una renovación de nuestra democracia, una regeneración basada en los cimientos que se pusieron tras la muerte de Franco. Sin embargo, los miembros de PODEMOS, un sector amplio de Izquierda Unida y los movimientos ciudadanos, hablan de nuestra democracia actual como de Régimen, el «Régimen del 78», tal y como se podría hablar de una dictadura. Esto es una falacia y un aprovechamiento del descontento ciudadano para debilitar a la propia democracia con el único fin de lograr los apoyos suficientes para desmotar a la misma e implantar un sistema basado en el asamblearismo. PODEMOS asimila la democracia representativa, sistema que está implantado en todos los países occidentales y que ha demostrado que funciona, con dictadura de la casta. Es evidente que los ciudadanos deben tener una mayor participación y que ésta hay que ampliarla. No obstante, de esa democracia participativa necesaria a una democracia asamblearia hay mucha distancia. Hay muchos métodos para ampliar la participación del pueblo en las decisiones de los dirigentes. Desde luego, el asamblearismo no lo es ya que debilitaría a las instituciones de tal modo y las ralentizaría en la toma de decisiones que el colapso quedaría garantizado. Además, en un país tan poco participativo en política como es España, se daría pie a que el gobierno del Estado quedara en manos de minorías. El planteamiento de esta «nueva izquierda» se basa en algo tan simple como que el pueblo es bueno y las élites políticas y económicas son malas y, por tanto, hay que acabar con ellas dando al pueblo todo el poder, es decir, que preconizan algo que viene del siglo XIX y adaptarlo a la situación actual: transformar la dictadura del proletariado de Marx en la democracia asamblearia del siglo XXI. Es muy bonito, muy hermoso y muy atrayente, pero es irreal. Lo más peligroso de este planteamiento es la transformación que va sufriendo su interpretación de la realidad y de la política a medida que las encuestas les van dando más apoyo ciudadano: PODEMOS está pasando de la lucha de los de abajo contra los de arriba en la confrontación de ellos contra los demás, el «o ellos o nosotros» que ha mantenido a regímenes autoritarios en el poder. Los ejemplos históricos de ello son múltiples.

La crisis económica y las políticas de austeridad impuestas desde instituciones supranacionales también son la base para la presentación de una serie de medidas totalmente inviables pero que a los ciudadanos les parecen interesantes. Veamos algunas de ellas. El partido de Pablo Iglesias propone hacer una auditoría de la deuda pública y decidir qué parte pagar y qué parte no pagar. Esto es muy hermoso, pero no es viable, además de traer consigo un castigo innecesario para la clase trabajadora y el propio Estado del Bienestar, poniendo en peligro el propio sistema de pensiones, por ejemplo, además de la pérdida de sus ahorros de millones de españoles. Por otro lado, hay que tener en cuenta que no pagar la deuda generaría que nuestro país quedara fuera de los mercados, que no podría financiar la sanidad o la educación y que habría que realizar un ajuste de más de 60.000 millones de euros, lo que llevaría a un aumento del paro en más de medio millón de personas. Por otro lado, el impago de la deuda aumentaría los tipos de interés para familias y pequeñas empresas.

Podemos propone, como fórmula para crear empleo y luchar contra el desempleo juvenil, la jubilación a los 60 años. En el titular estoy de acuerdo con ellos, sin embargo, esta solución es inviable, sobre todo porque nuestro actual sistema de pensiones está basado en que las cotizaciones de los trabajadores paguen las pensiones de los jubilados. Es una solución que juega más con los datos que con la realidad, dado que esta propuesta es viable si se fomenta el incremento de la natalidad y los efectos de un «baby boom» se traducen pasados, al menos, 25 años desde su implantación. Lo que Podemos pretende es bajar la tasa de desempleo sin crearlo y, además, dejar el sistema de pensiones en quiebra puesto que el pago de su pensión a los nuevos jubilados no podría cubrirse con las cotizaciones de los nuevos empleados. Se sustituye empleo, no se crea. Una solución mágica que no es tan mágica.

Por otro lado, el partido de Pablo Iglesias propone el pago de una renta básica para todos los españoles. ¿Pretenden eliminar las prestaciones por desempleo para sustituirlas por esta renta básica? Los propios responsables económicos de PODEMOS cifran la inversión neta necesaria para ello de más de 150.000 millones de euros. Si lo extrapolamos a niveles de renta que no estén por debajo de los niveles de pobreza (646 euros/mes) el coste aumentaría a los 200.000 millones de euros, es decir, un 20% de PIB. ¿Cómo se va a lograr que la economía española pueda soportar estas cantidades? Según el partido de Pablo Iglesias a través de una reforma progresiva del IRPF que se focalice en subidas impositivas a las clases altas, a la casta, a los ricos. Esta reforma fiscal lo que traería una fuga de capitales de España, como ya ha ocurrido en otros países, una salida de inversiones, cierre de empresas que provocaría un aumento del desempleo y, por tanto, una bajada de la recaudación. Entonces, ¿cómo lo van a financiar si a quien iría dirigida ha enviado su capital o su actividad empresarial fuera del país? ¿Subirán entonces los impuestos a la clase trabajadora de renta media? ¿Convertirán también a estos trabajadores en casta? Es muy hermoso prometer esa renta básica, pero las consecuencias a la hora de hacer frente a esos costes generarán más problemas que soluciones.

En lo referente a las empresas, PODEMOS propone que se prohíban los despidos en empresas con beneficios. Esto es lógico, pero, ¿sólo los despidos colectivos que incentivó la Reforma Laboral del PP o todos los despidos? Este matiz es importante, porque un trabajador que no cumpla con sus obligaciones se puede ver amparado por esta prohibición y mantener su puesto de trabajo, de igual manera que un trabajador con altos niveles de absentismo. Si se aplicara a todos los despidos, la productividad se resentiría y los beneficios pasarían a pérdidas y, si hay pérdidas, aumentará el desempleo. Otra de las soluciones mágicas del partido de Pablo Iglesias en lo referido a las empresas es la nacionalización de empresas de sectores estratégicos. Es maravilloso el mensaje de devolver al pueblo lo que es del pueblo, pero no es viable. ¿Alguien de PODEMOS ha calculado el coste para las arcas del Estado de dicha nacionalización? Nacionalizar significa expropiar, y esto no es gratis. Cuando Argentina nacionalizó YPF tuvo que indemnizar a Repsol. Lo mismo ocurrió en Bolivia o en Venezuela. PODEMOS habla de sectores como la energía o las telecomunicaciones. ¿Cuánto les costaría a los españoles la nacionalización de multinacionales como Telefónica, Endesa, Iberdrola, Gas Natural Fenosa, Vodafone u Orange, por poner algunos ejemplos? Billones de euros.

Estas son algunas de las propuestas que hace el partido de Pablo Iglesias. Como verán son inviables. Es evidente que hay cambiar muchas cosas, que hay que modificar el modo en que se relacionan los ciudadanos con las instituciones del Estado. Es evidente que hay que caminar hacia un modelo de Estado en que se busquen soluciones reales para los problemas reales antes que buscar soluciones desde arriba. Y ahí es donde debe estar la izquierda. Sin embargo, PODEMOS quiere ir a un planteamiento en el que todos y cada uno de los que han tenido representación parlamentaria son responsables de todas las carencias o de la falta de evolución de la democracia y del funcionamiento del Estado. PODEMOS, dentro de su dogmatismo, no entiende que el verdadero rival está en los partidos de derecha y no en los progresistas, ya sea el PSOE, ya sea IU. Ellos lo resuelven utilizando un argumento que ya parecía olvidado: ellos no se consideran de izquierdas ni de derechas porque el verdadero problema está en la lucha entre los de abajo contra los de arriba, es decir, el mismo argumento que soportó las revoluciones del siglo XIX. Ellos se autoproclaman como los únicos representantes de los de abajo. El resto es casta.

Esta argumentación es engañosa y falsa. No se puede permitir que nadie le niegue a los partidos de izquierda de España la responsabilidad decisiva que han tenido en la construcción del Estado del

Bienestar. En el caso del PSOE fue quien lo implementó durante los gobiernos de Felipe González, además de dar derechos civiles a quienes no los tenían durante las legislaturas de Rodríguez Zapatero.

Lo peor es que llevan ese dogmatismo viene acompañado de un tono de superioridad moral sobre el resto que se hace insoportable, en algunos casos hasta repugnante. Personalmente les veo como al trabajador de base de una empresa que se pasa el día protestando contra sus mandos intermedios, pidiendo soluciones inviables, diciendo constantemente que la empresa se gestiona mal, que todo va mal mientras dogmatiza a sus compañeros. Llega un momento en que ese trabajador es ascendido a mando intermedio y se da cuenta de los recursos de los que dispone, lo que factura su departamento y la producción que genera. Es en ese momento en que se da cuenta de la irrealidad de sus propuestas.

Soy defensor de la unidad total de la izquierda para sacar del poder a la derecha más destructiva de Europa. Sin embargo, el dogmatismo y la demagogia del partido de Pablo Iglesias, y de quienes están abandonando sus principios para subirse a su carro, me hacen pensar que es un imposible, sobre todo porque da la sensación de que los que se creen con superioridad moral para dar lecciones de democracia y se arrogan el título de defensores de «los de abajo» tienen como enemigos a la propia izquierda más que a la derecha, olvidándose interesadamente para rascar la olla de votos, de que quien trajo el Estado del Bienestar a España fue la izquierda, fue el PSOE, aunque, claro, los derechos de las mujeres no son temas prioritarios.

PODEMOS quiere ganarse al pueblo español a través de promesas y de soluciones imposibles. La magia no funciona cuando se gobierna un país. Endulzar el oído del pueblo con propuestas que suenan tan bien como los cuentos de los Grimm o de Perrault es también traicionar a los ciudadanos. O eso, o llevarnos a la ruina.

MEJOR QUE NO COMPAREN

Muy a su pesar Teresa Romero se ha convertido en la protagonista de la información en España tras haber sido infectada por el virus del ébola. Este hecho ha certificado aún más lo miserable que puede llegar a ser la derecha española, tanto a nivel político como a nivel mediático, además de demostrar la incapacidad del Partido Popular para gestionar cualquier asunto que no se refiera a la priorización de las élites. No es la primera vez que una crisis sobrevenida es gestionada por el PP con el único fin de escurrir el bulto, de buscar responsabilidades en cualquier lugar que no sea la suya. Las redes sociales han lanzado una lista de accidentes o tragedias donde el partido ultraconservador español ha culpabilizado hasta al lucero del alba antes de asumir responsabilidades políticas: en el accidente del Yak-42 se culpabilizó a la tripulación, en el accidente del Alvia de Santiago de Compostela fue el maquinista, en el Prestige fue el capitán. Ahora, la culpable del contagio, para el Partido Popular, es la propia Teresa Romero, la propia víctima es la que está siendo crucificada tanto por dirigentes «populares» como por los estómagos agradecidos de una parte de la prensa que conforma la yihad genovesa. El Consejero de Sanidad afirmó que había mentido y que «tan mal no estaría para irse a la peluquería». Las portadas de ABC y La Razón fueron miserables al hacerla la única responsable para exculpar al Gobierno de Mariano Rajoy de la inutilidad que estaban demostrando. Incluso algún que otro títere exigió en la televisión de los obispos que Teresa tenía que dar explicaciones de lo que había hecho. Todos sabemos que esta parte de la prensa forma parte de los órganos de propaganda del PP y que su línea editorial la marcan los argumentarios de Arriola. Sin embargo, en este caso están patinando hasta el ridículo porque la gestión de la crisis del ébola por parte del Gobierno de Mariano Rajoy está siendo tan desastrosa que los argumentos que se quieren dar para exculparles de responsabilidad llegan al ridículo más absoluto.

El domingo supimos de un contagio en Estados Unidos. Este hecho les ha dado pie a estos impresentables a hacer comparaciones con la única finalidad de salvar el culo al Partido Popular y al Gobierno sin detenerse a realizar un análisis serio de las circunstancias de uno y otro caso. Han caído en su propia trampa puesto que no hay comparación posible. Es como querer comparar la eficiencia contra la ineptitud y pretender que ésta es mejor que la primera. Entremos en el juego de las comparaciones y saquen sus conclusiones.

En primer lugar tenemos las circunstancias por las que el virus entró en los dos países. En los Estados Unidos la persona fallecida por el ébola que contagió a la mujer entró en el país porque había viajado a Liberia. La Administración Obama no lo había repatriado por razones políticas. En España, se trajo el virus al país por una decisión política e ideológica del Gobierno de Mariano Rajoy. Se trajo a los dos misioneros para que vinieran a morir a España ya que la evolución de la enfermedad en los dos sacerdotes hacía que su curación fuera inviable. Fue una irresponsabilidad ya que, en primer lugar, el peligro de contagio es mayor a medida que se acerca el momento de la muerte y los dos misioneros eran moribundos; en segundo lugar, el desmantelamiento de la sanidad pública perpetrado por el PP hacía que no hubiera instalaciones adecuadas para tratar a los dos religiosos sin poner en peligro a la ciudadanía.

En el caso de Teresa Romero el protocolo de lucha contra el ébola no se activó hasta que no se le hicieron las pruebas tras ingresar en las urgencias del Hospital de Alcorcón y determinar que había contraído la enfermedad. En Estados Unidos, el protocolo se activó inmediatamente cuando la enfermera de Dallas informó que tenía fiebre baja y apenas hora y media después ya se encontraba en una unidad de aislamiento. Se tiene la certeza de que Teresa informó de fiebre baja desde el día 30 de septiembre. Nadie hizo nada hasta el día 6 de octubre, una semana después, en la que la auxiliar de enfermería pudo hacer vida normal. ¿Es igual la gestión de los Estados Unidos a la de España? En este caso, evidentemente, no.

La enfermera de Dallas se trasladó al hospital en su coche para realizarse las pruebas que determinen si estaba infectada o no. Tras conocerse que estas pruebas daban positivo, apenas unas horas después de su traslado al hospital, equipos especiales de desinfección descontaminan el coche y todas las zonas sospechosas de que hubieran sido tocadas por la enferma. En España, a Teresa Romero se la traslada al Hospital de Alcorcón en una ambulancia normal que luego sería utilizada para otros pacientes, aún sabiendo que la enferma era sospechosa de tener ébola. Los propios médicos de Alcorcón la tratan con material de aislamiento inadecuado, material que podía provocar que los profesionales sanitarios que la trataron se contagiaran también. ¿Es igual el caso de Estados Unidos que el de España? Evidentemente, no.

Mientras se está desinfectando y aislando el coche de la paciente, equipos especializados en descontaminación se trasladan a la casa de la enferma donde se desinfecta no sólo el domicilio de la paciente, sino también todas las zonas comunes de la finca. Recuerdo que estoy hablando de un periodo de tiempo de apenas 24 horas desde que se activó el protocolo. En España el bloque de viviendas fue desinfectado cuatro días después. ¿Es igual el caso de Estados Unidos que el de España? Evidentemente, no.

La propia política de comunicación también diferencia a los dos casos. Mientras en Estados Unidos no pasan doce horas y hay una comunicación constante por parte de las principales autoridades, en España se hizo un esperpento el mismo lunes por la tarde donde se hizo patente la inutilidad de Ana Mato para ponerse al frente de una crisis de esta magnitud y, después, se pasó al silencio informativo lo que provocó una mayor alarma social. La propia ministra reconoció que se enteraba del estado de Teresa Romero por la prensa. Esto es inadmisible.

Finalmente, las autoridades estadounidenses, tanto estatales como federales, han reconocido que algo en el protocolo había fallado para que se produjera el contagio. En España, tanto el Partido Popular como la prensa miserable y mamporrera desde el segundo día se han dedicado culpabilizar a Teresa Romero, incluso en alguna televisión autonómica se han reído de ella.

El lunes se publicaron artículos en esa prensa manipulada en los que se quiere asimilar una situación y otra tal y como leemos en el editorial de La Razón que tienen la desvergüenza de titular «En EEUU, como en España» donde, además, continúan con su intención de culpabilizar a las víctimas en vez de hacer un análisis donde se depuren responsabilidades. Como hemos podido comprobar en las líneas anteriores no hay punto posible de comparación. El caso estadounidense es la responsabilidad mientras que la gestión del PP es un caso de irresponsabilidad supina que cualquier gobierno responsable para con sus ciudadanos se hubiera resuelto con dimisiones de quienes están al frente de los departamentos de Sanidad cuando no del propio Gobierno en pleno y la convocatoria de elecciones. La nulidad de visión en una crisis provocada por el propio Gobierno al traer a los dos misioneros infectados les hace querer comparar una situación con otra con el único fin de lavarse las manos y quedar impunes ante su irresponsabilidad. Por eso es mejor que no comparen porque su incompetencia queda más al descubierto.

LA RECUPERACIÓN QUE NO ERA TAL

La semana pasada hubo movida en los mercados financieros y especulativos. Las bolsas cayeron, incluida la de Madrid, se conoció que las exportaciones españolas se hundieron, se supo que las principales economías de Europa, entre las que la España de Rajoy se encuentra en la periferia, se están acercando peligrosamente a la recesión y se supo con es muy probable una nueva quita de deuda para Grecia. Todos estos aspectos de la globalidad afectan a España y ponen en peligro la tan manida recuperación económica que el Partido Popular quiere poner como bandera de su gestión ante las próximas citas electorales. Sin embargo, la globalidad económica está demostrando que ese crecimiento macroeconómico no es más que un aspecto propagandístico más de la maquinaria de crear discursos fuera de la realidad del Partido Popular.

La España de Mariano Rajoy no se está recuperando económicamente porque el crecimiento del PIB no llega a la economía real, la de las familias, la de los trabajadores, la de los pequeños empresarios. La recuperación económica de Rajoy se refleja en el aumento de los beneficios y los patrimonios de las grandes empresas y de las grandes fortunas. En esta semana de caídas bursátiles y de alarma en los mercados se ha sabido que el número de millonarios en España ha aumentado casi al mismo ritmo en que ha crecido la pobreza estructural entre las víctimas de la crisis.

¿Por qué España no se está recuperando? El primer aspecto en el que podemos comprobar que no hay recuperación económica la encontramos en el mercado del trabajo y en las nefastas consecuencias de la Reforma Laboral. El Gobierno del Partido Popular ha sido, es y seguirá siendo una máquina de destrucción de puestos de trabajo sin poner medio alguno para que el empleo se recupere, más allá de la propaganda oficial y de los titulares mentirosos de la prensa tradicional. La realidad nos demuestra que en España se han perdido millones de horas de trabajo, se han perdido derechos de la clase trabajadora, se han exiliado cientos de miles de trabajadores, se ha precarizado el empleo parcelando el de calidad en varios contratos precarios tanto a nivel salarial como a nivel de condiciones laborales. La propaganda oficial del

Partido Popular dice que se está creando empleo neto. Esto es mentira. Si hacemos una transposición de los hechos señalados anteriormente en la actualidad tendríamos más de 7,5 millones de parados en este país. ¿Se recupera España cuando se baja la productividad o se eliminan millones de horas de trabajo? Evidentemente, no. ¿España se está recuperando cuando se depende exclusivamente del turismo como motor de la economía? Evidentemente, no. Por tanto, a nivel de empleo, que es el verdadero motor de cualquier economía, España no sólo no se está recuperando, sino que está en caída libre.

El segundo aspecto en el que podemos comprobar que la recuperación tan pregonada por Rajoy y sus palmeros lo tenemos en los niveles de pobreza. En la España del Partido Popular se está pasando hambre, los padres dejan de comer para que sus niños puedan, al menos, tener algo que llevarse a la boca una vez al día. Mariano Rajoy debería tener presente el hecho de que un país no se recupera económicamente hasta que la realidad lo demuestra. Si en España se pasa hambre, si las ONG continúan siendo el sustento principal de más del 25% de las familias, si ni siquiera los privilegiados que tienen trabajo no pueden hacer frente a sus necesidades vitales, entonces hay que reconocer que la recuperación no es más que una palabra vacía de contenido.

Rajoy y sus palmeros fiaban en los buenos datos de las exportaciones la recuperación de la economía española. Economistas que no se han plegado a la euforia o a la propaganda llevaban meses advirtiendo que aquéllas no tiraban de la economía, que estaban cayendo, que la competitividad basada en la devaluación salarial o en la explotación laboral no podían mantenerse y que dependían, principalmente, del crecimiento de las economías de nuestros clientes. Al final el PP ha tenido que reconocer que este hecho denunciado por los economistas independientes era una realidad, porque la bajada de salarios no ha repercutido en los precios de venta, sino que se ha dedicado a aumentar o mantener el nivel de beneficio neto de las empresas.

Otro punto donde podemos comprobar que la recuperación no es más que una invención de los responsables de comunicación de Génova 13 es en el aumento de la deuda pública del Reino de España. Mariano Rajoy llegó a la Presidencia con un nivel de deuda del 68,5%. Actualmente ya estamos en un 96,4% del PIB. Si la economía se está recuperando no sería necesaria la financiación del Estado. El problema se encuentra en que las necesidades dinerarias superan a los ingresos y partidas tan importantes como las pensiones o las nóminas de los funcionarios han de ser financiadas en los mercados. Por otro lado, las necesidades de financiación también se orientan hacia el rescate de los errores de las élites económicas, como las autopistas de peaje de Esperanza Aguirre y Aznar y el almacén Castor de Florentino Pérez. No hay suficientes ingresos para que la Hacienda Pública pueda hacer frente a sus obligaciones como Estado porque, por un lado, las grandes empresas y las grandes fortunas son las responsables de más del 70% de la economía sumergida española y, por otro lado, porque ese empleo precario, esa parcelación del empleo y esa pérdida de horas de trabajo hacen que los impuestos directos, como el IRPF, no recauden lo necesario. Todo esto sin contar con que los impuestos indirectos no se están comportando como preveía el Ministro Montoro al aplicar la subida salvaje de 2.012. Es bastante patético que desde los medios mamporreros del PP se aplauda cada nueva venta de bonos como una buena noticia, cuando, en realidad, Mariano Rajoy está hipotecando el futuro de los españoles hasta más allá de tres generaciones. Un país que se recupera económicamente no necesita endeudarse al ritmo que lo hace España porque el incremento de ingresos que se supone a una economía en crecimiento puede hacer frente a sus obligaciones sin necesidad de acudir a los mercados.

Por tanto, la recuperación no es más que una fantasía erótica de la derecha española ya que ni se está creando empleo, ni aumentan los ingresos de las familias, ni se recupera el consumo, ni se para la sangría de exiliados económicos, ni se está transvasando los beneficios de las élites a la economía real, dado que ese crecimiento del PIB que tanto cacarea no es real ya que la realidad no está mejorando.

España comenzará la recuperación y el despegue cuando:

1. Se comience a crear empleo más allá del trilerismo estadístico del INE
2. El empleo que se cree sea de calidad y con salarios dignos
3. Los niveles de pobreza y miseria se igualen a los de los países donde realmente hay una verdadera prosperidad
4. Se respeten los derechos de los trabajadores
5. Aumente el consumo real de las familias

6. El PIB repunte gracias a los datos productivos y no a los del capital

7. La recaudación impositiva pueda hacer frente a las necesidades del Estado sin tener que acudir a los mercados para financiarse.

Por tanto, la recuperación tan cacareada no es tal y hay mucho camino que recorrer y muchas medidas que implementar, medidas que, como se está demostrando, han de ir en sentido contrario a las tomadas por este Gobierno.

Artículos en *Publicoscopia*

LA TRAMPA QUE NO REGENERA SINO QUE PERVIERTE

El desprecio que tiene el Partido Popular a todo lo que suena a democracia se ha demostrado una vez más en la propuesta de Mariano Rajoy de la elección directa de los alcaldes en las próximas Elecciones Municipales. Según el planteamiento del partido ultraconservador español sólo podrán gobernar los municipios aquellos que tengan un mayor número de votos, independientemente de si tienen o no mayoría absoluta. No sorprende a nadie que esta propuesta se haga en el momento en que el PP podría quedar borrado del poder municipal gracias a las alianzas de la izquierda. No sorprende porque la visión del PP del sistema democrático está determinada por la dicotomía «ganar/perder», dado que para ellos sólo hay un modo verdadero de vivir en democracia, un modelo donde sólo pueden gobernar ellos. Según una información del diario El Mundo, con esta elección directa el PP se garantizaría el poder en 44 capitales de provincia, cuando con el sistema actual sólo tendría seguras 4. ¿Ven la razón por la que Rajoy ha planteado esto?

No quieren dejar de gobernar ya que piensan que ellos son los depositarios eternos del poder.

La realidad es que el Partido Popular tiene una de las mayores cuota de poder que se ha visto en España desde el franquismo, poder municipal, poder autonómico, poder estatal, además de controlar de manera casi obscena los poderes del Estado, como, por ejemplo, el Poder Judicial que está controlado por un militante y por uno de los ideólogos del partido ultraconservador. Por esta razón y por su «especial» interpretación de las reglas de juego democrático han implantado un sistema de gobierno y de gestión de la acción gubernativa que está más cerca de la democracia orgánica del franquismo a lo que es un verdadero sistema democrático. Yo la denomino DICTADURA PARLAMENTARIA.

La gestión que están haciendo tanto desde el Gobierno Central como desde el Autonómico de la crisis económica han hecho que vean que es muy probable que pierdan el poder en los principales feudos electorales, feudos que son estratégicos, como Madrid y Valencia, tanto a nivel municipal como a nivel autonómico. Los sondeos les dan aún como la fuerza política más votada, pero sin la mayoría absoluta necesaria para gobernar en solitario y seguir masacrando a los ciudadanos, para seguir penalizando a quienes no son culpables de la situación y que quienes tienen la máxima responsabilidad de la situación económica y social actual sean los verdaderos beneficiados de las políticas neoliberales de un gobierno cuya legitimidad democrática está más que en entredicho por el modo en que llegaron al poder. Estos sondeos de intención de voto han hecho saltar las alarmas en Génova 13. Pueden perder lo único en lo que creen: el poder, ya que para la derecha española la democracia sólo es válida cuando quienes llevan las riendas son ellos. Lo hemos visto cuando han estado en la oposición y su sistema maquiavélico de utilizar cualquier medio para recuperar el poder, como, por ejemplo, el terrorismo de ETA y sus víctimas. Ante esta situación de pérdida de poder, donde sólo gobernarían con mayoría absoluta en 4 capitales de provincia, han decidido lanzar el debate sobre las listas más votadas y el blindaje de las mismas en el gobierno municipal.

Como casi todas las medidas tomadas por este Gobierno, el mensaje de Mariano Rajoy de que se planteará que sean las listas más votadas las que gobiernen en los ayuntamientos roza la ilegalidad y, lo que es más grave, choca frontalmente con la ética democrática, sobre todo cuando dicha medida se lanza a menos de un año de las Elecciones Municipales. Está claro que el PP no quiere perder el poder municipal y ahora plantean un cambio de las reglas de juego a pocos meses de que los ciudadanos sean convocados a las urnas para elegir a quien gobernará sus aldeas, pueblos o ciudades. Esto viene, además del miedo a perder el poder, al hecho de no tener una cultura democrática. Tener un mayor número de votos no implica que tengas el apoyo de toda la sociedad. Ser la lista más votada, sobre todo a nivel municipal donde valen lo mismo todos los votos, no implica que se cumpla con la voluntad de los electores. Pondré un ejemplo. Imaginemos un pueblo que disponga de 5 concejales. Se presentan a las elecciones cinco partidos, de los cuales uno logra 2 concejales y otros tres uno. Según la idea de Rajoy, gobernaría el que logra dos concejales cuando la voluntad del pueblo no le ha dado la mayoría. Lo que se quiere evitar es precisamente que esos tres partidos se sienten a negociar, a llegar a acuerdos, a buscar consensos para alcanzar una coalición. Es decir, que lo que se quiere evitar es prostituir el sistema democrático para que las ansias de poder de la derecha española se vean saciadas.

En el Partido Popular no comprenden esos conceptos tan democráticos como negociar, como alcanzar acuerdos, como encontrar puntos de consenso. Para el partido ultraconservador español el consenso es subirse a su barco sin cuestionar nada. Por eso niegan los acuerdos, por eso niegan el consenso. Un ejemplo de ello lo tenemos en cómo han secuestrado al Parlamento.

El problema que tiene el PP es que es un partido que, por su propia autosuficiencia, por ser hijos de la buena estirpe, está solo. Nadie quiere alcanzar acuerdos con ellos. Nadie se quiere sentar a negociar, porque esos acuerdos, esas negociaciones serán traicionadas. Este hecho hace que vean que van a perder el poder en Madrid y Valencia.

La Ley Electoral en España debe ser cambiada porque es injusta, pero el modo en que lo quiere hacer Mariano Rajoy es obsceno y atenta contra los niveles mínimos de lo que se entiende como democracia. La Ley Electoral española debe ser modificada para que sea justa, para que todos los votos valgan lo mismo, pero debe ser modificada con el consenso total de todas las fuerzas políticas. Si no se alcanzara ese consenso, ¿creen que el PP echará para atrás cualquier cambio que les beneficie? Evidentemente, no, porque les importa muy poco el significado de la democracia, y cualquier forma de alcanzar el poder es válida. Ya lo han hecho en Castilla La Mancha con el pucherazo de Cospedal. ¿Implantarán dicho pucherazo también a nivel nacional? Me temo que, si es la única solución que vean para no perder la cuota de poder, así será. Les recuerdo el dato. Los sondeos de intención de voto les dan sólo 4 capitales de provincia con mayoría absoluta. Aplicando lo que ha puesto sobre la mesa Mariano Rajoy el PP gobernaría en 44.

DEMOCRACIA SECUESTRADA

Axioma: Dícese de la proposición o enunciado tan evidente que se considera que no requiere demostración. En España es casi un axioma que cuando gobierna la derecha con mayoría absoluta el sistema democrático queda encorsetado en el cinturón de castidad de las actitudes totalitarias que llevan en su ADN. Ejemplos de esta afirmación la tenemos a cientos. Sólo quiero recordar, antes de centrarme en la actualidad, el modo de gestionar la crisis de Iraq por parte del PP de Aznar o la manera miserable de buscar rédito electoral del 11M a través de la manipulación, la mentira y la sumisión de los medios afines.

Sin embargo, la llegada de Mariano Rajoy ha llevado este encorsetamiento a límites que rozan su modo de gobernar al de cualquier Estado totalitario: gobernar de espaldas a la soberanía popular, soberanía popular que está representada en el Parlamento. No obstante, la simple composición de las actuales Cortes ya está bajo sospecha, ya roza la ilegitimidad, por el modo en que se alcanzó dicha composición en las últimas Elecciones Generales, porque el PP ganó en noviembre de 2011 engañando a los españoles con un programa falso, como sus propias acciones de gobierno han demostrado.

El modo en que se está ejecutando la acción de gobierno del Partido Popular está más cercana a las fórmulas totalitarias que a los principios más esenciales de un régimen democrático. Y esto desde que Mariano Rajoy llegó a la Moncloa. Lo hemos visto en el modo en que se han aprobado Leyes tan importantes como la Reforma Laboral, las medidas de recortes del Estado de Bienestar o las Leyes escondidas en Reales Decretos que no tienen nada que ver con lo legislado. Todo esto con el único fin de imponer una legislación sin pasar por el debate que es propio de la democracia. Imposición de leyes, ese es la característica de este gobierno. Imposición de leyes, tal y como lo haría cualquier régimen totalitario.

El Partido Popular ha creado un nuevo sistema político. Yo lo llamo «Dictadura Parlamentaria», porque la mera imposición sin debate, el mero secuestro de las instituciones democráticas, son modos propios de cualquier dictadura. Esto es una característica propia de la derecha española. La

Historia de España nos lo ha mostrado tanto en el siglo XX como en el actual. Los partidos conservadores siempre se han caracterizado por ir en contra de la libertad y de la democracia y, cuando se han visto obligados a incorporarse a aquélla, siempre se han sentido incómodos con los mínimos democráticos exigibles. Ese autoritarismo lo llevan en su ADN. Tras la Proclamación de la República en 1931, los partidos de derecha dedicaron su actividad a proteger a las élites tradicionales (económica, religiosa, empresarial, nobiliaria y militar) y a sabotear la actividad legislativa de los partidos republicanos, ya fueran moderados o de izquierda. Cuando en 1933 ganaron las elecciones, la gestión del gobierno estuvo dedicada en derogar todos los avances sociales de Azaña y en proteger a dichas élites. Tras su derrota en febrero de 1936, su único interés fue el de recuperar el poder al precio que fuera, con el apoyo de militares fanáticos y de partidos fascistas con la colaboración inestimable de la Iglesia Católica, llevando a los españoles a una guerra y a casi 40 años de dictadura militar.

El sistema de gobierno del PP secuestra al propio régimen democrático. No hay ningún tipo de consenso en la aprobación de leyes fundamentales ya que es imposible llegar a acuerdos con quienes piensan que el consenso es el subirse al barco sin cuestionarse nada. Leyes tan importantes como la Reforma Laboral fue impuesta sin el acuerdo con los agentes sociales, es decir, impusieron como lo hubiera hecho Franco una Ley que sólo recoge las demandas de los empresarios. El gobierno de Mariano Rajoy legisla todo lo que atañe a la economía y la supervivencia de los españoles a base de Decreto Ley. Sólo permite la entrada al debate parlamentario (algo que es consustancial con el espíritu democrático de cualquier régimen parlamentario) aquellas medidas que deben ser sometidas a la Cámara por Ley o aquellas que levanta mucho polvo, para que ese polvo forme una cortina que tape lo que se hace por detrás. La imposición de Leyes por medio del Decreto Ley sólo está justificada por la urgencia o por la extrema necesidad. Sin embargo, las cifras señalan cómo Mariano Rajoy está utilizando el Decreto Ley como un método más de gobierno. Es decir, que Mariano Rajoy utiliza el modo menos democrático, si no hay justificación de urgencia o extrema necesidad, para gobernar. Veamos lo que se hizo durante los gobiernos anteriores respecto a los Decretos Ley:

- Rajoy: 56 (2 años y medio)

- Zapatero: 64 (8 años)
- Aznar: 27 (8 años)
- González: 80 (14 años)

En este listado no incluyo a Suárez porque él sí que tuvo que tirar del Decreto para poder destrozar el aparato franquista para que España se convirtiera en una Democracia.

El abuso del Decreto Ley nos da una imagen del poco espíritu democrático de este Gobierno. Pero no es sólo el abuso, sino la ocultación que se hace en otras disposiciones de medidas que deben pasar por el Parlamento y que el PP hurta con Decretos Ómnibus. El último ejemplo le tenemos en el Macro Decreto que el jueves 10 de julio será aprobado en el Congreso. 56 Leyes, cada una de su padre y de su madre, sin ninguna relación entre ellas que deberían haberse discutido por separado, han sido unidas en un RD de 172 páginas. ¿Acaso estos modos de gobernar no son un secuestro de la democracia? Como se ha dicho antes, el Decreto Ley es un modo de legislar que se utilizan en casos de urgencia o extrema necesidad. Hasta ahora el PP argumentaba que la situación económica requería de la imposición de sus leyes para paliar dicha situación. Sin embargo, este último RD no tiene esa justificación porque España está saliendo de la crisis y es la envidia de Europa, según afirman los ultraconservadores. Entonces, ¿a qué viene este Decretazo? ¿No se están contradiciendo? Su alergia a todo lo que signifique democracia les lleva a estas contradicciones y a muchas más.

Sin embargo, hay otros modos de ejecutar dicho secuestro. El Parlamento, tanto Congreso como Senado, son la representación de la Soberanía Popular. El modo en que el Partido Popular no permite que se debatan los problemas de corrupción de su partido son otro modo de hurtar a los españoles su propia representación. ¿Se imaginan que en las Cortes franquistas se hubiera permitido que se debatiera sobre MATESA? Claro que no. El propio aparato de la dictadura ya se encargó de ello. Lo mismo hace el PP actualmente. Todo lo que suena a Bárcenas, a financiación ilegal, a Caja B, a donaciones a cambio de adjudicaciones, a sobresueldos está vetado. Pero lo peor no es eso. Lo peor es que, cuando la presión les obliga a que se hable de ello en sede parlamentaria, mienten, como mintió Mariano Rajoy en el Pleno del 1 de agosto de 2013. Mentir ante la representación de la Soberanía Popular también es un modo de secuestro de la misma.

Ahora el presidente Rajoy habla de regeneración democrática intentando aplicar medidas que van en contra del propio espíritu del Estado de Derecho, como, por ejemplo, la elección directa de alcaldes. A ellos les importa poco cómo se elijan a quienes tienen que gobernar pueblos y ciudades siempre y cuando sea el PP quien ostente la alcaldía. Rajoy hablando de regeneración cuando tiene en su partido a cientos de cargos públicos imputados o con juicios orales abiertos sin que abandonen sus puestos o alcaldes pillados intentando comprar a concejales para que no se eliminen los símbolos franquistas de su localidad. ¿Cómo va a regenerar la democracia alguien que, por su labor de gobierno, demuestra que no cree en ella?

CUANDO LO HIZO HUGO CHÁVEZ, GOLPE DE ESTADO. SI LO HACE RAJOY, REGENERACIÓN.

Para la derecha española el concepto «democracia» sólo es válido si quien ostenta el poder es el Partido Popular. Lo estamos viendo con los acontecimientos que se nos vienen encima con las reformas unilaterales que Mariano Rajoy quiere hacer de la Ley de Régimen Electoral para que en las próximas Elecciones Municipales sólo pueda gobernar la lista más votada si supera el 40% de los votos, independientemente de si la voluntad de los ciudadanos es esa o no, porque no hay que confundir el hecho de recibir el mayor número de votos con que los votantes quieran que sea ese partido el que gobierne.

Aprovechando el desprestigio de la clase política, el desapego de los ciudadanos hacia la política y el salario que perciben los representantes públicos que algunos creen que es desmesurado, el Partido Popular ha ido implementando en los territorios que gobierna medidas que se venden como regeneración democrática pero que lo que esconden es el amor desmesurado al poder que tienen. Son como Gollum con el Anillo: «Es mío, sólo mío, él vino a mí», y, como Gollum, van a luchar hasta la muerte para no perderlo. La Comunidad Autónoma gobernada por la Secretaria General del Partido ha sido el primer laboratorio donde han impuesto estas medidas. En primer lugar, eliminaron el salario a los Diputados Regionales, afirmando con total desvergüenza que era una demanda social, cuando lo que hay en verdad es un intento de desalojar de la representación política a las clases medias y bajas y que sean sólo las élites quienes ostenten esos cargos representativos, tal y como ocurría en los siglos anteriores al XX. En segundo lugar, María Dolores de Cospedal perpetró un pucherazo en toda regla al reducir de manera unilateral el número de diputados en las Cortes de Castilla La Mancha priorizando dicha eliminación de escaños en las circunscripciones que son tradicionalmente opuestas al PP, con lo que se garantiza prácticamente su permanencia en el poder en las próximas elecciones, no sólo en las de mayo de 2015, sino en las venideras. ¿Esto no es un atentado contra el propio espíritu democrático? ¿La unilateralidad de estas medidas no va en contra del propio sistema, sobre todo en ámbitos en los que el consenso entre las fuerzas políticas debe ser obligatorio? Evidentemente, que el Partido Popular imponga estas reformas sin el consenso es un elemento más que demuestra el desprecio que tiene la derecha española a la voz del pueblo soberano. El único interés que tienen es mantenerse en el poder, al precio que sea, perjurando incluso del juramento que hicieron cuando tomaron posesión del cargo. Sólo les interesa mantenerse en el poder porque, según su pensamiento, ellos son los depositarios del mismo, que para eso son hijos de la buena estirpe.

Antes de aplicar una medida contraria a la decencia democrática, el Partido Popular tiene la costumbre de utilizar a sus gobiernos regionales como laboratorios donde experimentar y testar la reacción de la calle ante dichas medidas. Como el pueblo español es sumiso y prefiere criticar en la barra de un bar o en las redes sociales antes que salir a la calle y demandar lo que les pertenece. Tenemos muchos ejemplos, como cuando en la Comunidad de Madrid comenzaron los recortes al Estado del Bienestar antes de las elecciones de 2011. El pueblo no se enfrentó al poder y la consecuencia de ello fueron los recortes salvajes perpetrados por Mariano Rajoy durante la presente legislatura. Ahora han utilizado a Castilla La Mancha, gobernada por la

Secretaria General del PP, como laboratorio para el pucherazo electoral que les garantice el poder. No ha habido una reacción en la calle, el pueblo castellano-manchego no ha reclamado nada. Visto el resultado, Mariano Rajoy sabe que su admirada mayoría silenciosa no le va a aguar el fraude democrático que quiere imponer de manera unilateral.

El Partido Popular sabe que está solo dentro del marco político. Mariano Rajoy sabe que nadie quiere pactar con ellos para mantener una alcaldía. Los datos de las encuestas de intención de voto y los resultados de las Elecciones Europeas, además de la irrupción de Podemos, han hecho saltar las alarmas. Con los datos de las encuestas el Partido Popular perdería el gobierno en 40 capitales de provincia, entre ellas, Madrid y Valencia, las perlas del PP, gracias a posibles pactos entre partidos de izquierda. Con el sistema electoral actual, sólo mantendrían 4. Teniendo en cuenta que el hambre de poder de la derecha española es insaciable, la verdadera razón de esta reforma del sistema electoral que quieren imponer a los españoles es que no quieren perder a ningún nivel. Ahora atacan el sistema democrático en el ámbito municipal, ¿qué les impide modificar el régimen electoral para unas

Elecciones Generales? ¿Qué impide a Mariano Rajoy no convocar las generales y prorrogar cuatro años más la legislatura? ¿Qué impide a la derecha española tomar el poder del país? Si no creen en el consenso democrático y sólo creen en el consenso de quien se sube a su barco sin cuestionar nada, ¿por qué iban a respetar el orden democrático establecido?

Van a modificar la Ley Electoral por intereses partidistas y no por otras razones. Por intereses partidistas ya cometieron el mayor fraude electoral de la Historia de España al presentar un programa falso a los españoles con el único fin de llegar a la Moncloa. ¿Por qué no cometer otro si de ese modo nadie les podrá arrebatar lo que ellos piensan que es suyo por nacimiento?

Además, tienen la desvergüenza de defender dichas medidas apelando a la regeneración democrática que tanto necesita este país. Realmente lo que provocarían es una mayor regresión del sistema democrático, es ahondar en la destrucción del sistema político que tantas vidas costó, vidas que, por cierto, no se encuentran en las filas del PP. Desde la prensa del Movimiento, es decir, todos los grandes periódicos y casi todas las radios y televisiones, no dejan de defender el pucherazo de

Rajoy y en negar información a la ciudadanía. Es en la prensa libre donde se sustancian las críticas y los análisis a las verdaderas razones del pucherazo que nos quiere imponer el partido ultraconservador español. ¿Se imaginan lo que se escribiría en los medios del Movimiento si esta reforma del sistema electoral la hubiera implementado Hugo Chávez o Nicolás Maduro? ¿Qué diría Esperanza Aguirre si este hecho ocurriera? ¿Y Marhuenda? Evidentemente, lanzarían una campaña feroz contra el régimen venezolano hablando de pseudo-democracia o de democracia encubierta. No soy admirador del chavismo o del bolivarianismo, pero esta reforma de la Ley Electoral que Mariano Rajoy quiere imponer se acerca mucho a aquello que ellos mismos utilizan como arma arrojadiza contra el régimen venezolano.

Cambiar la Ley Electoral en el sentido que quiere el Partido Popular es un atentado contra la democracia. Si Hugo Chávez lo hubiera hecho en los medios del Movimiento se habría hablado de Golpe de Estado. ¿No es lo mismo si lo hace Rajoy?

SORDOS DE CONVENIENCIA

En estos días estamos asistiendo a un cúmulo de despropósitos por parte del Partido Popular y a unas conductas autoritarias más propias de un régimen totalitario que de un sistema democrático. Teniendo en cuenta cuál es el origen del partido que ahora gobierna España, de la creencia en la superioridad de los hijos de la buena estirpe respecto a los que no lo somos, de su desprecio a todo lo que suene a verdadera democracia, de su ansia de poder y de la falta de democracia interna del propio PP no es de extrañar lo que está ocurriendo. El Partido Popular, tras la polémica suscitada con el pucherazo que quieren imponer a los españoles para las próximas elecciones municipales, ha dedicado todos sus órganos de propaganda a defender lo indefendible, y cuando se quiere defender lo indefendible se miente (actitud que está en el ADN del PP) o se hace el ridículo (cosa que algunos dirigentes populares están acostumbrados a hacer con bastante asiduidad).

Todos hemos conocido a personas que son sordos de conveniencia, es decir, que oyen sólo lo que les interesa oír. Los dirigentes del Partido Popular son especialistas en hacerse los sordos cuando las reivindicaciones ciudadanas son justas y ajustadas a sus verdaderas necesidades, mientras que son los primeros de la fila cuando se trata de asistir a aquellos que les son afines, caiga quien caiga. Toda la legislatura del gobierno de Mariano Rajoy es un ejemplo de ello.

Ahora ha llegado el momento de que el PP quiere hacer ver que son los paladines de la regeneración democrática, mientras que aquellos que dieron la vida o pasaron años en la cárcel por defender lo contrario a la dictadura franquista se están oponiendo a ello. Una perversión más, sobre todo, viniendo de donde vienen estas críticas. El Partido Popular jamás podrá ser garante de la democracia, simplemente porque no creen en ella, porque sólo creen en una democracia a la carta donde sólo tengan derechos las minorías elitistas a las que defiende la ideología a la que representa el PP. Sólo podía pasar en España, el país donde nació el esperpento, que la formación política heredera del franquismo quiera ponerse al frente del sentimiento democrático en contra de quienes fueron perseguidos por el dictador por oponerse al totalitarismo y querer implantar en este país un régimen basado en los principios democráticos, en el respeto de los derechos humanos y en la libertad.

Mariano Rajoy lanzó el desafío a la democracia. Según él es necesaria una reforma urgente de la Ley General de Régimen Electoral en el ámbito municipal para que gobierne la lista más votada si supera el 40% de los votos y una diferencia superior al 5% respecto a la siguiente lista, independientemente de si tiene o no tiene mayoría absoluta. Al decirlo Rajoy, todos los dirigentes ultraconservadores se han lanzado a la defensa de esta medida y se han puesto a trabajar en dicha defensa a todos los órganos mediáticos de propaganda. Como borregos y sin ningún tipo de análisis. Según ellos se trata de una reivindicación ciudadana y de dar efectividad a lo que deciden los ciudadanos en las urnas. Esto es falso. Ellos sólo oyen que hay que cambiar el modelo electoral y el modelo de representatividad y adecúan dicha reivindicación justa de los ciudadanos a sus propios intereses. Este comportamiento sólo tiene una definición: mezquindad. Los resultados de las últimas Elecciones Europeas, la irrupción de Podemos y el ascenso de los partidos minoritarios, ha provocado que en el PP se pusieran a echar cuentas más allá del número de sobresueldos a pagar. Esas cuentas les han mostrado la realidad de la España de 2014: con la Ley Electoral actual sólo obtendrían mayoría absoluta en las dos Ciudades Autónomas, Ceuta y Melilla. El resto de capitales de provincia quedarían en manos de posibles coaliciones entre los partidos de izquierda porque si el Partido Popular no logra mayoría absoluta les será imposible gobernar, dado que nadie quiere pactar con ellos, ni siquiera con aquellos que ideológicamente les son afines, como hemos visto en la intención de ningún pacto electoral con el PP por parte de Unión del Pueblo Navarro. Lo que más miedo le da a la derecha española es la posibilidad de perder en lo único que creen: el poder. Esa es la verdadera razón por la que Mariano Rajoy quiere perpetrar esta especie de Golpe de Estado que quiere llevar adelante sí o sí, con o sin consenso, del mismo modo en que hacía Franco al legislar. En la columna de la semana pasada ya hice mención al laboratorio de Castilla La Mancha, donde se ha cambiado la Ley Electoral de manera unilateral con la modificación del reparto de escaños en las circunscripciones manchegas ponderando aquellas que son más proclives al voto ultraconservador.

El PP lanza los mensajes a su conveniencia y escucha las reivindicaciones del pueblo en base a su conveniencia. Escuchan sólo la parte en la que pueden ser beneficiados. Lo vemos cada mes cuando los datos del paro son positivos en el global. Fuegos artificiales, portadas en la prensa del Movimiento y Fátima Báñez dando la cara (lo que no hace cuando el paro sube). Sin embargo, no cuentan a los españoles la verdadera realidad del mercado laboral, el aumento del subempleo, la caída salvaje de los niveles salariales o la destrucción de empleo con derechos. En lo referido a la reforma de la Ley Electoral que plantea el PP ocurre lo mismo. Mariano Rajoy ha oído campanas de que los ciudadanos quieren un cambio en el modo en que se eligen a sus representantes y adapta esa reivindicación a sus intereses particulares. Es cierto que una de las cosas que se reivindica desde plataformas, asociaciones y partidos en base a la regeneración de la democracia es la elección directa de los representantes, pero no del modo en que lo plantea el Partido Popular. No se está reivindicando que sea la lista más votada, independientemente de si tiene o no mayoría absoluta, la que gobierne. La reforma de la Ley Electoral que se demanda es la elección directa del alcalde por medio de listas abiertas, tal y como se hace en otros países y que reflejaría exactamente a la persona que el pueblo quiere que gobierne en su municipio. La confusión entre elección de la lista más votada, la elección directa del alcalde y la imposición de la lista más votada es interesada, es querer reformar sin cambiar nada, porque se siguen manteniendo las listas cerradas y el espíritu electoral que muchos ciudadanos quieren cambiar.

Por eso son sordos de conveniencia. Escuchan sólo la parte que les interesa, olvidándose del meollo de las demandas ciudadanas. Así es la derecha española, así son de mezquinos porque si llegan a perpetrar esta especie de Golpe de Estado o esta cacicada, sólo habrán adaptado el titular de las reclamaciones del pueblo en materia electoral a sus intereses particulares, como ya han hecho en Castilla La Mancha con la reforma unilateral de la proporción circunscripcional que favorece al PP o a la eliminación de los salarios de los diputados. Ellos escuchan «hay que cambiar la Ley Electoral», echan cuentas, modifican dicha Ley para que la reforma les favorezca y blinde su cuota de poder. El pueblo protestará y ellos serán tan mezquinos para espetar a los ciudadanos que ellos han hecho lo que se les reclamaba. Así es la derecha española. Así es la propaganda de los medios de propaganda. Así será si entre todos los que nos sentimos demócratas no les paramos los pies y les enseñamos a escuchar el todo y no sólo la parte que más les interesa al Partido Popular.

MEDIDAS ANTITERRORISTAS PARA ACABAR CON EL TERRORISMO

Una de las herencias que la democracia recibió del franquismo fue el terrorismo de ETA, GRAPO, FRAP, y otras organizaciones menores como, por ejemplo Terra Lliure. La unión de las fuerzas políticas ante este problema, la acción de los distintos gobiernos y el trabajo de los Cuerpos y Fuerzas de Seguridad del Estado han conseguido que en España haya paz, a pesar de que algunos no pudieran seguir utilizando a las víctimas como arma política. Sin embargo, en los últimos años nuestro país está sufriendo otra forma de terrorismo que parece que este gobierno no le alarma. Me estoy refiriendo al terrorismo machista.

Cuando hay inacción por parte de un gobierno ante una tragedia que provoca un reguero de muertes siempre me acuerdo de una frase de Iñaki Gabilondo en referencia a los muertos en accidente de tráfico, en los años en que todos los fines de semana se dejaban la vida en las carreteras multitud de personas: «¿Qué haría el gobierno si en vez de morir en las carreteras estas personas hubieran sido asesinadas por ETA?». Esta misma frase se podría aplicar en los casos de terrorismo machista.

En este año 2014 ya han sido asesinadas 46 mujeres a manos de sus parejas o ex parejas. Si sumamos las mujeres asesinadas desde el año 1.999 nos da un número superior a los muertos por ETA en toda su historia. En España han sido asesinadas 972 mujeres en los últimos 15 años. ETA mató a 829 desde el año 1968, es decir, que en un mayor periodo de tiempo la organización terrorista vasca acabó con la vida de menos personas que mujeres asesinadas. Mayor tiempo y menos víctimas. Ante ETA y las otras bandas se movilizaron todos los recursos disponibles, se llegaron a acuerdos con otros países. Se hizo todo lo que había que hacer. ¿Por qué no se hace lo mismo con el terrorismo machista? ¿Qué habría que hacer? Lo que está claro es que el Partido Popular no va a hacer nada, o va a hacer que hace algo cuando en realidad es un problema que no les interesa, dado que las víctimas, las que han sobrevivido o las que sufren el maltrato en silencio, no dan réditos electorales. La inacción sigue provocando muertes. Las mujeres siguen siendo asesinadas y el gobierno del Partido Popular sigue sin hacer nada.

Las medidas a tomar deben ir en dos direcciones. En primer lugar, medidas en materia de prevención del terrorismo machista, prevención que debe partir de la educación. En segundo lugar, endurecimiento de penas con la adecuación del asesinato machista a las leyes antiterroristas.

En lo referido a la educación hay que tener en cuenta que España es un país donde el machismo está muy implantado. La herencia del franquismo y la influencia de la Iglesia en este tema hacen que haya que entrar a modificar conductas que están muy arraigadas en la sociedad. Lo peor es que haya mujeres que son más machistas que los propios hombres, tal y como se puede comprobar día a día. Es inaceptable que las jóvenes y adolescentes que han sufrido algún episodio de acoso o maltrato por sus parejas lo vean como algo lógico. Pero lo que es más mezquino es que sean las propias mujeres del partido que nos gobierna —partido heredero de quien en los años del franquismo adoctrinaba a las mujeres sobre la sumisión total al hombre— quienes apoyen medidas que van en contra de los derechos de la mujer o sean cómplices de la inacción del gobierno en el problema del terrorismo machista. En materia de educación el gobierno del Partido Socialista implementó la asignatura de

«Educación para la Ciudadanía» como un método de que nuestros escolares se formaran en el respeto a los derechos humanos, en el respeto a quien piensa de modo diferente al propio, en el respeto a la orientación sexual del prójimo o en el respeto a la mujer y su dignidad. Era sólo un paso, pero un paso que a la Iglesia Católica le molestaba y que en la LOMCE ha desaparecido del plan de estudios. ¿Cómo va a educar en el respeto a la mujer alguien que parte de la superioridad intelectual del hombre? Los jóvenes españoles deben ser educados en algo tan simple como que tener una relación con una mujer no implica la posesión de la misma y que esa mujer tiene todo el derecho del mundo a rehacer su vida con otra persona si esa relación se rompe. Esto es algo que es difícil de sacar de la mentalidad machista, sobre todo porque muchos han sido educados en esa posesión, sobre todo por la influencia del catolicismo en este tema. El propio sacramento del matrimonio está marcado por simbología de compra y posesión, tal y como sigue ocurriendo en otros países donde los derechos de la mujer no están reconocidos. Hay que recordar que en pleno año 2013 el cardenal Rouco Varela, en una misa, apeló a la sumisión de la mujer al hombre como pilar de la familia y de la sociedad. La propia Iglesia ha permitido la publicación de un libro en el que se ensalza dicha sumisión y el gobierno no ha hecho nada para sacarlo de las librerías. Si esos son los referentes educativos o culturales sumados a la inacción del Partido Popular en lo referido a este tema las mujeres seguirán siendo acosadas, maltratadas, golpeadas y asesinadas, porque la mentalidad machista seguirá estando presente gracias a una educación deficitaria en valores de igualdad y de respeto.

En materia de reforma del Código Penal está claro que las penas por terrorismo machista deben ser más duras, deben ser iguales o superiores a las impuestas a los etarras porque el delito es mucho más grave, por mucho que la causa de dicho delito sea la misma. Es más grave porque el asesinato de mujeres en el ámbito de la pareja está enmarcado dentro la convivencia, el amor y el cariño. Tal vez, y esto puede generar rechazo por alguien que lea estas líneas, debería aplicarse un sistema de cumplimiento de penas sin reducción de las mismas. Tal vez deberían dejarse de lado los principios de reinserción para dar paso a los principios del castigo.

Soy consciente de la dificultad que tienen los Cuerpos y Fuerzas de Seguridad del Estado para prevenir el terrorismo machista antes de que las mujeres sean asesinadas. El ámbito en que se produce, al intimidad del hogar, dificulta que se actúe si no hay una denuncia por medio, y muchas mujeres no denuncian por miedo o porque ven que las medidas que se toman en lo referente al cumplimiento de las órdenes de alejamiento son inútiles porque los terroristas se las saltan para asesinar, para matar. Durante el Gobierno de José Luis Rodríguez Zapatero se aprobó la Ley Orgánica 1/2004, la Ley Integral contra la Violencia de Género. Era un punto de partida que no ha sido desarrollado ni ha sido dotado de más medios. No se ha incentivado a las mujeres a denunciar ni se les ha dado una mayor garantía. Las campañas para que se llame al 016 están demostrando que son inútiles, que las mujeres maltratadas no denuncian por una sola razón: tienen miedo a las represalias a medio y largo plazo. Los recortes del Gobierno del Partido Popular han afectado y se ha bajado la guardia. Flota en el ambiente una sensación de desprecio desde el Ministerio de Sanidad, tal y como hemos visto con el repunte de asesinatos de este verano, donde Ana Mato ni se ha molestado en interrumpir sus vacaciones para ponerse al frente de la lucha, como era su deber, como habría hecho un ministro responsable.

¿Qué se puede esperar de un partido que desprecia a las mujeres y que no cree en las políticas efectivas que promuevan la igualdad? Los constantes ataques hacia la mujer y a sus derechos del partido ultraconservador español dan fe de ello, del mismo modo que el espectáculo vomitivo de mujeres aplaudiendo como fanáticas la intervención de Ruiz Gallardón cuando defendió su reforma de la Ley del Aborto. El Partido Popular no cree en la igualdad de las mujeres, por tanto, es seguidor de la superioridad intelectual del hombre sobre la mujer, tal y como hizo patente Arias Cañete en la campaña electoral de las Elecciones Europeas. Muchas de sus leyes van en contra de la mujer, como, por ejemplo, dejar de financiar los tratamientos de fecundidad a mujeres solteras o a parejas lesbianas porque no hay varón de por medio. Otro ejemplo lo tenemos en la derogación de facto del derecho al aborto. Los atentados de Ana Mato y el PP contra las mujeres son constantes y en asuntos tan graves como el terrorismo machista, al querer cambiar el sistema de registrar los casos de terrorismo machista al incluir en las estadísticas a las mujeres que pasan más de 24 horas ingresadas en un hospital. Esto es un apoyo del Partido Popular a los maltratadores.

Otro atentado contra los derechos de la mujer es la retirada de la cobertura del Sistema Nacional de Salud de los anticonceptivos más modernos, de las píldoras que garantizan a la mujer tener una sexualidad libre sin miedos a un embarazo no deseado. Pero claro, Ana Mato es defensora a ultranza del Método Ongino. Sólo se folla cuando la mujer está en su época no fértil dentro del ciclo de ovulación. A esta eliminación de los anticonceptivos protegidos por el SNS se une la derogación del derecho a abortar de las mujeres que su compañero de Ejecutivo, el troglodita Ruiz Gallardón, ha aprobado en Consejo de Ministros. Se sigue la lógica nacionalcatólica para las mujeres que practican y disfrutan libremente de su sexualidad, dentro o fuera de una pareja estable: si follas y te preñan, te jodes y te aguantas, haber practicado la santa castidad.

Otro atentado contra las mujeres por parte del PP es la medida para que la Seguridad Social cubra los tratamientos de reproducción asistida a las mujeres que convivan en pareja heterosexual, dejando fuera a aquellas mujeres que libremente deciden ser madres independientemente de si son heterosexuales, solteras o lesbianas. ¿Quién coño es Ana Mato para decidir qué mujeres pueden tener acceso a su maternidad? ¿Qué tiene que ver su situación afectiva o su orientación sexual para negar el acceso a la maternidad? La ministra dijo que la falta de varón no es un problema médico. Es decir, que a partir de ahora, las mujeres que quieran se madres tendrán que pasar por el catre, quieran o no quieran. Dentro de la mentalidad nacionalcatólica de Ana Mato y de las mujeres del PP los tratamientos de reproducción asistida son un atentado a la naturaleza. Para ellas deberían estar prohibidos porque no ha sido Dios quien ha obrado el milagro de la procreación. Sin embargo, eliminar el acceso a solteras y lesbianas a los tratamientos de reproducción asistida es una contradicción a su propio modo de pensar ya que niegan la creación de nonatos, de esas células que tienen más derechos que las mujeres.

Finalmente, hay que tener en cuenta que el Presidente del Gobierno aún no ha hecho una condena explícita a los asesinatos de mujeres. Ana Mato las hace a su manera. No habrá una lucha frontal contra el terrorismo machista si no se afronta como lo que es: terrorismo. Si no se hace es por falta de voluntad política y esa voluntad sólo se despertará en el PP si encuentran en ese colectivo un nicho de votos, tal y como ocurrió con las víctimas del terrorismo. Si no hay rédito electoral seguirán dejando de lado este tema y lo seguirán tratando como violencia de género en vez de aceptar que cada asesinato es un atentado terrorista y, como tal, debe ser tratado.

MARIANO RAJOY, PRESIDENTE
MARXISTA

Esta semana se ha producido un hecho que no es normal en la España del Partido Popular: el Gobierno nos ha dado una buena noticia con la retirada del anteproyecto de contrarreforma de la Ley del Aborto, ese anteproyecto que nos enviaba a los tiempos del nacionalcatolicismo más radical y derogaba de facto un derecho irrenunciable de la mujer, el derecho a decidir sobre su maternidad. Era algo que se veía venir por la tardanza en la tramitación parlamentaria de la misma y por el modo de dar largas. El Gobierno de Mariano Rajoy defendió con uñas y dientes el anteproyecto, incluso aprobándolo por unanimidad en Consejo de Ministros. En el Congreso se comprobó la unidad inquebrantable del PP en la defensa de esta aberración de anteproyecto con aquellas imágenes lamentables de las mujeres del partido ultraconservador aplaudiendo como ultras a Alberto Ruiz Gallardón tras la defensa de una Ley que derogaba sus propios derechos. ¿Qué ha hecho cambiar de criterio a Mariano Rajoy y retirar el anteproyecto? La respuesta es obvia: el marxismo del Presidente.

Rajoy es un convencido marxista, tal y como ha demostrado en su carrera política. No se asusten ustedes por lo que acabo de decir porque es una certeza irrefutable. Mariano Rajoy es marxista porque es un seguidor fanático de Marx, no de Karl, sino de Julius Henry Marx, más conocido por Groucho. Éste afirmaba, sin rubor, que «si no le gustan mis principios, no se preocupe, tengo otros». Lo ocurrido con la contrarreforma de la Ley del Aborto es un ejemplo más del marxismo de Rajoy, y esto es muy peligroso en un Presidente de Gobierno.

Que nadie se engañe, a Mariano Rajoy y al Partido Popular los derechos de las mujeres no les importan nada, como no les interesa nada los derechos de los ciudadanos, las necesidades verdaderas del pueblo. Lo único que les importa es el poder, por lo único que se mueven es por mantener el poder y sabían que el anteproyecto de contrarreforma de la Ley del Aborto de 2.010 les podía costar el centro político y el voto de las mujeres. Mariano Rajoy no ha reculado por las mujeres ni por sus derechos, sino por un mero cálculo electoralista. Los votos cuentan y, a medida que se acercan las elecciones, se hace más evidente que los que fueron engañados en 2.011 no les van a mantener su confianza y los fieles, que no votan sino que fichan, están abandonando su fidelidad. Las últimas encuestas ya les daba una pérdida de 15 puntos en estimación de voto y la aprobación de la Ley del Aborto podía ser la puntilla para que el partido ultraconservador se quedara sólo con los votos de los más fanáticos, de la derecha más rancia. Hicieron cálculos y determinaron que la pérdida de votos proveniente de los fundamentalistas católicos era menor que la previsible si aprobaban la contrarreforma.

Ese cambio de principios de la máxima de Groucho dependiendo del momento es una de las constantes de Mariano Rajoy. Lo estamos sufriendo con la traición a los españoles con el incumplimiento reiterado del programa electoral con el que ganó las Generales de 2.011. Todo lo que prometió lo ha incumplido porque todo lo que su Gobierno está cacareando ahora como cumplimiento del programa no es más que un juego de trilerismo político, con todos los respetos a los trileros, que son «honrados timadores» que no tienen culpa alguna del gobierno que tenemos. Mariano Rajoy afirmó que no iba a tocar sanidad ni educación y ha recortado millones de euros de sus presupuestos, además de imponer de manera autoritaria una reforma del sistema educativo que lo retrotrae a los años más duros del franquismo. Mariano Rajoy prometió que iba a bajar los impuestos, y los ha subido todos. Ahora quiere dar marcha atrás porque se acercan las elecciones y anunció a bombo y platillo, junto con los órganos de propaganda de la prensa tradicional, una Reforma Fiscal donde hay bajadas de impuestos directos que no suponen ni un tercio de la subida de los años anteriores y que, nuevamente, favorecen a las élites económicas y empresariales. Mariano Rajoy afirmó que la Ley Electoral no se puede modificar sin consenso con el resto de partidos y, viendo que en las Municipales y Autonómicas de mayo de 2.015 pueden perder alcaldías y Comunidades Autónomas tan importantes como Valencia o Madrid, ha querido imponer un pucherazo en toda regla con la única finalidad de ganar en estas convocatorias electorales. El Partido Popular es así. Sólo cree en la democracia cuando hay elecciones. Una vez logrado el objetivo, el autoritarismo es su seña de identidad a la hora de ejercer el poder. Podría seguir poniendo ejemplos de marxismo de Mariano Rajoy, pero me extendería demasiado.

Sin embargo, la máxima de Groucho Marx citada anteriormente no es la única por la que se rige el Presidente. Hay otra que también le define muy bien y que afianza su marxismo. Es la siguiente: «La política es el arte de buscar problemas, encontrarlos, hacer un diagnóstico falso y aplicar después remedios equivocados». La acción de gobierno de Mariano Rajoy y su Ejecutivo demuestra que no hay mejor definición de cómo estamos siendo gobernados. En España tenemos un problema con el mercado laboral y con el sistema productivo, un sistema que gracias a las reformas del gobierno de José María Aznar se basó exclusivamente en la construcción y el turismo. La herencia recibida por los españoles de las decisiones del PP ya las conocemos: paro, hambre y miseria. Para acabar con el problema del paro y la competitividad de las empresas españolas Rajoy, en vez de potenciar un cambio del modelo productivo, impuso una Reforma Laboral que hacía lo contrario a lo que era necesario. Les dio a los empresarios todo lo que pedían con el fin de que las cuentas de explotación no sufrieran con la crisis a costa de la precarización del empleo, de la bajada de horas productivas, de la depauperización salarial, de la explotación y de potenciar la máquina de despidos colectivos, además de finiquitar la negociación entre las fuerzas sociales y la patronal. Mariano vio el problema e hizo lo contrario a lo que había que hacer. Puro marxismo. Lo mismo se puede aplicar a todas y cada una de las decisiones que ha tomado el Gobierno Rajoy.

Volviendo a la retirada del anteproyecto de contrarreforma de la Ley del Aborto, hay que decir que Mariano Rajoy ha sido coherente porque ha incumplido con el único punto de su programa electoral que iba a cumplir. Ha sido justo y no se me caen los anillos por reconocerlo. Nada más conocerse la noticia, unos cuantos fundamentalistas católicos, algunos de organizaciones vinculadas a movimientos neonazis, fueron a Génova 13 a protestar por la retirada de la ley. ¿Qué diferencia hay entre ellos y los millones de españoles víctimas de los incumplimientos del PP? ¿Acaso esperaban que su fundamentalismo les privilegiaba respecto al resto de españoles? ¿Cuántos de los que se manifestaron para protestar por la única decisión coherente de Mariano Rajoy han protestado contra los recortes en educación, contra la privatización de la sanidad, contra la Reforma Laboral o pidiendo que el Gobierno implemente medidas contra la pobreza y el hambre que el Partido Popular ha traído a España? Por esa misma coherencia que demostró ayer exijo a Mariano Rajoy que sea coherente consigo mismo y derogue todas y cada una de las reformas que ha implementado porque, de este modo, cumpliría con su programa electoral y se ajustaría al argumento que dio para justificar la retirada de la contrarreforma de la Ley del Aborto al afirmar que no se puede mantener ninguna Ley que un cambio de gobierno derogará a los cinco minutos.

Para finalizar con el artículo citaré una nueva frase de Groucho que, viendo cómo se ha manejado el PP con sus cuentas, sus sobres de dinero en B, su clientelismo respecto a empresas y empresarios a cambio de adjudicaciones y la responsabilidad de sus dirigentes respecto a estas prácticas, viene a colación: «Sólo hay una forma de saber si un hombre es honesto: preguntárselo. Si responde que sí, ya sabemos que es un corrupto».

EL FUNDAMENTALISMO NO CABE EN DEMOCRACIA

¿Se imaginan ustedes que su país tuviera acuerdos con un Estado totalitario? ¿Se imaginan ustedes que su país mantuviera acuerdos con una nación condenada por ser uno de los canales de blanqueo de dinero de la mafia, del tráfico de armas o del narcotráfico? ¿Se imaginan ustedes que su país tuviera acuerdos con un Estado que ha protegido a miles de pederastas? España los tiene y nadie se escandaliza por ello. ¿Y se imaginan que, además, se dieran privilegios a los representantes de ese Estado? Pues   España se los otorga. No estoy hablando de Afganistán, ni de Venezuela, ni de Cuba, ni de Corea del Norte, ni de Irán. Ya se pueden imaginar de a quién me refiero.

En estos días en que el referéndum catalán y el fraude de los Pujol ocupan toda la actualidad como un paño opaco que tapa todo lo demás, incluso la presentación de los Presupuestos Generales del Estado, estamos siendo testigos de movimientos fundamentalistas que van en contra del propio espíritu democrático y de los principios fundamentales del Estado de Derecho.

La no tramitación del Anteproyecto de Ley de Contrarreforma del Aborto ha sacado a la luz la parte más ponzoñosa del lobby ultracatólico, la facción más fundamentalista de la Iglesia Católica, aquella que quiere imponer su modo de ver la vida a los demás siguiendo el mismo criterio que se siguió en las Cruzadas. El grito Deus le volt (Dios lo quiere) es el argumento que dan las nuevas huestes para imponer su modo de ver la vida. Todo ello jaleado por los sectores más ultras de la jerarquía, los que son contrarios a que la Iglesia se adapte a los tiempos modernos, dentro de sus posibilidades teológicas, para seguir en los parámetros propios de la Edad Media.

La sociedad se encamina hacia un ambiente de tolerancia hacia el prójimo que la Iglesia no entiende. Esa tolerancia al distinto es uno de los pilares sobre los que se asienta cualquier sociedad democrática. El desprecio a ésta por parte de la institución católica se demuestra en la intolerancia hacia el que no piensa como ellos, al querer negar derechos fundamentales a las mujeres, a los homosexuales y a todo aquel que no se pliega a los principios medievales por los que se rigen. El obispo de Alcalá es un ejemplo de ello. Las declaraciones que hizo tras la no tramitación de la Contrarreforma de Rajoy son un ejemplo de ello. Pero no son las únicas que este hombre ha hecho. Ya atacó al colectivo LGTB, a los divorciados, a las mujeres. Pero no es el único. Hemos visto cómo obispos han comparado el matrimonio gay con los perros. Hemos escuchado a obispos decir que la pederastia es culpa de las víctimas porque van provocando. Hemos escuchado cómo se justificaba la violación de una mujer por su esposo en el caso de que aquélla abortara. Hemos oído cómo el anterior Presidente de la Conferencia Episcopal, el okupa Rouco Varela, ha defendido desde un altar la sumisión de la mujer al hombre al ponderar la subyugación del hombre a la mujer. Frases como «Mujeres, vivid bajo la autoridad de vuestros maridos» se han escuchado en misas donde se reivindicaba la imposición del modelo de familia católica a todos los españoles. En este mismo sentido, la Iglesia Católica ha aprobado la publicación de libros titulados Cásate y sé sumisa, del mismo modo que durante el franquismo la Sección Femenina imponía unos modelos de sumisión al hombre más propios de la Edad Media que de la sociedad del siglo XXI.

Como podemos comprobar, todo lo relacionado con la jerarquía de la Iglesia Católica es contrario a la democracia por su desprecio de las libertades y de los derechos de aquellos que no piensan como ellos. No es de extrañar de una institución con el Currículum Vitae que tiene. La Iglesia Católica es la responsable de tantas desgracias y ha influido tan negativamente en la evolución de España que nos veríamos obligados a escribir un artículo de mil páginas para explicitarlas, y no es plan. No obstante, citaré algunos ejemplos. La Iglesia tuvo un papel fundamental en dos hitos históricos que determinaron el relegamiento de España al ostracismo evolutivo. En primer lugar, la expulsión de los judíos en 1492 en el instante en que desde América iban a llegar ingentes cantidades de riquezas. Los sefardíes hubieran podido gestionar tales cantidades de oro y plata para convertir a nuestro país en una gran potencia económica. El fanatismo los expulsó y fue responsable de que durante siglos la economía española dependiera de los prestamistas italianos, holandeses y portugueses, cuando las entradas de capital eran cuantiosas. En segundo lugar, el freno y la persecución a la Reforma Protestante provocó que no se evolucionara ni se diera prioridad a la ciencia en vez de priorizar por el inmovilismo. Cuando en el siglo XVIII se quiso evolucionar, ya era tarde y siempre fuimos a remolque de la Europa que no se enfrentó a los protestantes. Es algo que se ha visto en Europa Occidental en todos los países y regiones donde la Iglesia ha tenido más poder haciendo que las palabras catolicismo y retraso sean casi sinónimas. La Iglesia Católica fue una de las responsables del genocidio en América, además de ser una de las grandes beneficiadas del tráfico de esclavos, algo que va en contra de su propia ideología. La Iglesia Católica se posicionó a favor del franquismo porque éste le garantizaba el incremento de sus privilegios en contra de la razón democrática de la República. Fueron cientos, por no decir miles, los sacerdotes que no dudaron en coger las armas, que eran los encargados de dar el tiro de gracia en los fusilamientos de inocentes. Por cierto, varios de ellos han sido beatificados en las macro causas que inició el Papa más contrario al mensaje evangélico como fue Juan Pablo II. Por otro lado, también hay que tener en cuenta que la Iglesia fue responsable de colaboración con Hitler en el Holocausto, tal y como queda demostrado en los estudios de Daniel Goldhagen recogidos en su libro La Iglesia Católica y el Holocausto. Una deuda pendiente.

Los años han pasado y la Iglesia Católica sigue manteniendo sus privilegios en un Estado aconfesional gracias a los Acuerdos entre el Reino de España y la Santa Sede, acuerdos que deberían haberse derogado de manera unilateral desde hace muchos años por un motivo muy sencillo: son inconstitucionales. Hay un hecho que no se menciona pero que está ahí y es importante que la gente los conozca. Viendo la deriva política de la Transición y que el camino de la nueva Constitución llevaba hacia la laicidad del Estado y la libertad religiosa, el Concordato fue negociado por representantes del Estado cercanos o miembros del Opus Dei en paralelo a la redacción de la Constitución de 1978. El Concordato fue firmado antes de que los españoles refrendaran en referéndum la Carta Magna, pero no se hizo oficial hasta después para que no se le tachara de pre-constitucional. El Concordato va en contra del principio de igualdad y de la aconfesionalidad del Estado. ¿Por qué se sigue manteniendo el adoctrinamiento católico en la educación pública? ¿Por qué a los curas castrenses se les sigue dando un tratamiento de oficial por el solo hecho de ser cura? ¿Por qué la Iglesia sigue recibiendo miles de millones de euros del Estado para su financiación? ¿Por qué la Iglesia está exenta del pago de ciertos impuestos? ¿Por qué la Iglesia puede robar a los españoles los monumentos que pertenecen a todos los españoles? Todo esto es posible gracias a un acuerdo entre Estados que se sale del ámbito constitucional, que va en contra de todos los pilares que sostienen cualquier régimen democrático. Si a todo esto añadimos las declaraciones de obispos, cardenales y la actuación de las organizaciones fundamentalistas que van en contra de las libertades y de los derechos democráticos de los españoles, queda claro que hay que tomar decisiones respecto a la Iglesia.

Una institución que se ha caracterizado por su machismo, su homofobia y su desacato a los derechos fundamentales de los españoles no puede tener los privilegios que tiene, debe igualársela al resto de organizaciones religiosas que operan en España, porque lo contrario va en contra del espíritu constitucional. Lo primero que hay que hacer es la derogación del Concordato y la adaptación de los mecanismos incluidos en éste respecto a educación, presencia en las instituciones del Estado y de financiación, además de la eliminación de todos y cada uno de los privilegios, a los de un Estado democrático. Lo contrario es ir contra la democracia. Por otro lado, la Iglesia Católica debe devolver a los españoles todas y cada una de las posesiones que se han inmatriculado. El ejemplo más sangrante es la situación de la Mezquita de Córdoba. Una de las maravillas de la Humanidad ha sido robada por la Iglesia al adquirirla por 30 euros. Además, tienen la desvergüenza de cobrar una entrada por la que no pagan impuestos porque afirman que es un «donativo». Intenten ustedes no pagar ese presunto donativo y verán cómo no les dejan entrar, a pesar de que ese donativo, como cualquier otro, es voluntario.

No es de recibo que se permitan declaraciones desde los altares de carácter machistas u homófobas. Del mismo modo, la Fiscalía General de Estado, en vez de estar en la protección de la Infanta Cristina, debería haber entrado de oficio ante las llamadas a una rebelión militar que desde altares se han hecho en la celebración del Alzamiento Nacional. Una institución que clama por la vuelta al fascismo más duro no tiene ningún derecho a mantener sus privilegios. Deben ser derogados sin pérdida de tiempo.

Si esto ocurriera, las hordas fundamentalistas católicas llenarán las calles. Los fanáticos alentados desde los altares protestarían. Yo me pregunto una cosa. ¿Dónde estaban esos fanáticos que protestaron ante la sede del PP la semana pasada cuando ese mismo partido ha estado machacando a los ciudadanos con sus políticas de austeridad? A estas asociaciones no las he visto apoyando a quienes estamos reclamando que nuestro Estado del Bienestar no se toque. A estas asociaciones no las he visto en las marchas contra la pobreza y el hambre en España. A estas asociaciones no las he visto firmar ningún manifiesto ni presentar ninguna ILP, por ejemplo, contra los desahucios. Claro, son varios los obispados que reclaman que familias sean expulsadas de sus casas. La Iglesia Católica tiene la desvergüenza de afirmar que el pago de los impuestos que les corresponden repercutirá en Cáritas y en otras organizaciones dependientes de ella, cuando, de los millones de euros que reciben del Estado sólo un 2% va destinado a ellas.

El fundamentalismo y el fanatismo son fenómenos que no caben en democracia. ¿Cuándo nos daremos cuenta de ello y se tomarán las medidas que hay que tomar? Espero que sea pronto.

PRECARIEDAD: EL CAMINO QUE NO HAY QUE SEGUIR

En estos días en que sólo se habla de la entrada del ébola por España gracias a la desastrosa gestión de Ana Mato y a la decisión política del Gobierno de Mariano Rajoy de traer a los misioneros enfermos a morir a nuestro país hay un asunto muy grave sobre el que me voy a centrar y que la inmediatez de la información hace que quede relegado a la categoría de poco importante. En estos días en que sólo se habla del escándalo de las tarjetas opacas de Caja Madrid, parece que nos hemos olvidado de las declaraciones de Mónica de Oriol de la pasada semana. Las palabras de esta señora son muy graves, no sólo por el contenido sino también por lo que representan.

La señora Oriol es nieta de Antonio María de Oriol y Urquijo, uno de los más altos representantes del franquismo y cabeza de una de las familias con más influencia en el Régimen. El secuestro por parte del GRAPO de aquél puso en peligro la propia Transición por el solo hecho de ser quien era.

Además de su filiación política, la familia Oriol también representa a esa élite empresarial con solera, con el pedigrí de estar arriba desde tiempos inmemoriales. Su modo de entender las relaciones entre empresario y trabajador son las que son y por mucho que se intente no van a cambiar. Y Mónica de Oriol lo demuestra con cada declaración que hace, en cada conferencia que da.

Mónica de Oriol no es el problema, el problema está en esa élite empresarial que fue la que promovió la Reforma Laboral de 2.012 al condicionar la recuperación económica y la creación de empleo en la depauperación de las condiciones laborales y salariales de los trabajadores. Esta élite empresarial puso encima de la mesa unos escenarios para crear empleo tras la explosión de la burbuja inmobiliaria que tiene un fundamento propio de un chantaje: o se aceptan estas condiciones o seguiremos destruyendo empleo. Si a este planteamiento se una la ideología ultraconservadora y ultraliberal, heredera de Margaret Thatcher, del Partido Popular es normal que se aprobara una Reforma Laboral sin contar con los representantes de los trabajadores. ¿Son los empresarios los malos de la película? Evidentemente, no. Los enemigos de la clase trabajadora están dentro de esa élite empresarial a la que pertenece la señora Mónica de Oriol. Les voy a poner un ejemplo de empresario con éxito que no se ajusta a las recomendaciones de la élite que, afortunadamente, no es único.

Hace dos años me llegó la noticia de que un joven empresario con una sociedad de más de 280 trabajadores dedicada a la consultoría tecnológica y al marketing estaba generando empleos y estaba creciendo tanto dentro como fuera de España. Hablé con uno de sus trabajadores y me explicó el éxito de este empresario.

El primer hecho que me chocó fue que fuera el mismo patrón quien sugiriera a los trabajadores que formaran su Comité de Empresa cuando el número de trabajadores llegó al número mínimo para poder organizar su Comité.

Este empresario tiene un punto de partida que choca con el común de los criterios de los empresarios españoles referentes a los costes salariales. Para él el salario de su plantilla no es un gasto, sino una inversión, y él es el que debe cuidar de la misma. No es un dinero gastado, sino invertido. Él se rige por las tablas salariales marcadas por su Convenio Colectivo, pero sólo en el momento en que el trabajador entra a trabajar, dado que posteriormente ese salario se incrementa con pluses y variables que van en función del desempeño de los trabajadores con objetivos individuales y colectivos, además de una paga a primeros de año que se divide equitativamente del 20% de los beneficios netos de la empresa. Es decir, que uno de los variables de los trabajadores sale del beneficio del empresario. Otra de las medidas salariales que este empresario toma es el incremento de los sueldos de sus trabajadores en base al porcentaje de crecimiento del beneficio neto de la empresa.

Por supuesto, no aplica la Reforma Laboral del PP por creerla injusta para sus trabajadores y sigue aplicando la legislación anterior.

Respecto a las condiciones laborales, aplica al pie de la letra la conciliación de la vida laboral y la familiar. No existen las jornadas partidas ni las horas extras ya que uno de los puntos de la filosofía de esta empresa es que las horas firmadas en contrato son las necesarias para tener un buen desempeño del trabajo asignado. Su jornada laboral comienza a las 8 de la mañana y finaliza a las 3 de la tarde, de lunes a viernes. Se potencia el teletrabajo si el proyecto lo permite. Los trabajadores disponen de seguro de vida, seguro médico, autobuses lanzadera, pago del 100% del salario por baja laboral y 120% si la baja es de maternidad, baja maternal que es de 20 semanas.

Lo mejor de ello es que la empresa sigue creciendo y tiene proyectos con grandes empresas españolas y para alguna multinacional europea que no está implantada en España aún.

No se echen las manos a la cabeza porque es real. Y esto es lo doloroso, que algo así sea real cuando no hacemos más que ver las maniobras de los otros empresarios, que se están aprovechando de las «bondades» de la Reforma Laboral de Rajoy para reducir plantillas para que sus beneficios aumenten mientras se eliminan derechos a los trabajadores y el desempleo crece, por mucho que la propaganda del Partido Popular diga lo contrario. Tengan en cuenta que si sumamos el número de desempleados real con la reducción de horas productivas y el exilio económico Mariano Rajoy tendría a día de hoy más de 7 millones de parados. Cuando se cuida a los trabajadores, éstos suelen responder al empresario. Cuando se respeta a los trabajadores, éstos suelen devolver ese respeto con beneficios.

Lo que más me satisfizo fue que no es el único caso, que no es una rara avis, sino que hay más empresas que utilizan este modelo de gestión para lograr el éxito, potenciando el factor humano, potenciando al trabajador. Por eso hay que distinguir entre verdaderos empresarios y las élites que representa Mónica de Oriol.

Comparen ahora esta situación real con lo que pide Mónica de Oriol. Esta empresa, como otras muchas son el ejemplo de que para conseguir el éxito y el crecimiento no es necesario precarizar las condiciones laborales de los trabajadores, como exige esa élite, no es necesaria la partición de jornadas laborales ni la rebaja de salarios a niveles anteriores a la Transición.

El Partido Popular y las diferentes patronales están cargando las facturas de la crisis económica en los hombros de la clase trabajadora. Son las verdaderas víctimas de una estrategia prefijada en los tiempos de José María Aznar. Cuando éste y su Gobierno aprobaron las leyes que propiciaron la burbuja inmobiliaria, cuando se empezó a crecer y a crear tanto empleo que llegaron a afirmar desde el Partido Popular que España era la locomotora económica de la Unión Europea, las miradas de los ultraconservadores españoles no estaban en el bienestar de los ciudadanos sino en la puesta en práctica de una estrategia que les perpetuara en el poder en el largo plazo. Ellos eran conscientes de que la economía de un país no podía basarse en un modelo productivo centrado casi en exclusiva en el sector de la construcción y en toda la actividad que arrastra. Ellos ya sabían que la burbuja inmobiliaria en algún momento iba a estallar.

Todo estaba pensado para que la primera legislatura fuera la del despegue. Apoyados por los partidos conservadores nacionalistas legislaron y generaron las condiciones imprescindibles para que la burbuja y la especulación inmobiliaria se convirtieran en el motor de la economía española. Alta creación de empleo, necesidad de importar mano de obra extranjera y generación de esa falsa prosperidad para las clases trabajadoras. Todo ello con el apoyo incondicional de la banca (sobre todo las Cajas de Ahorro que estaban casi en su integridad en manos del propio PP) y de las élites económicas y empresariales.

Una vez lanzado el monstruo pensaron que iban a seguir gobernando durante otras dos legislaturas más, la última (2004 – 2008) ya con una bajada de la actividad económica y con destrucción de empleo. El propio José María Aznar se arrogaba los méritos y cedía esa presunta última legislatura a su sucesor. Eligió a Mariano Rajoy, el candidato a la sucesión con menos luces y que menos sombra le podía hacer y que, además, se iba a comer la reducción de la velocidad de crucero de la economía y el aumento del paro. Ese empeoramiento de las condiciones económicas provocaría la pérdida del poder para que el PSOE fuera quien gestionara lo más crudo de la crisis para recuperar ellos el poder en 2012 y volver a relanzar la economía en unas condiciones globales más favorables. Ese era el momento elegido para la aplicación de su ideología ultraliberal con la eliminación del Estado del Bienestar. Machacarían a los ciudadanos pero ellos quedarían como salvadores de la patria, casi como el Caudillo por la Gracia de Dios.

Lo que estamos sufriendo con el Gobierno de Mariano Rajoy es la consecuencia de esa estrategia político-económica de la derecha española, la consecución de los objetivos marcados en un Business Plan. Han logrado crear una bolsa de millones de desempleados que con las obligaciones de deuda particular adquiridas durante la época de la burbuja, tanto hipotecarias como de préstamos personales se convierte en una bolsa de trabajadores temerosos y dispuestos a aceptar cualquier condición laboral y salarial con tal de no perder algo tan básico como la vivienda. El propio aumento de los desahucios alguien podría interpretarlo como una forma de introducir más miedo en las verdaderas víctimas de la crisis. Han logrado crear una masa de trabajadores manipulables por ese miedo y por la falta de formación de aquellos que dejaron sus estudios para trabajar en la construcción. El ejemplo lo vimos en las Elecciones Generales de 2011: muchos de los que se encontraban ya desesperados por el desempleo y la falta de ingresos se dejaron manipular por un programa electoral falso y votaron por la derecha, precisamente la opción que jamás les va a defender. El condenado a muerte aplaudiendo la subida del verdugo al patíbulo. Han logrado que la clase trabajadora no se enfrente directamente al poder tras los abusos aprobados por ley por el PP. Han logrado derogar derechos sin apenas presión en la calle. Todo ello por miedo. A medida que va pasando el tiempo de gobierno de Mariano Rajoy el Estado del Bienestar se está muriendo. Todo ello como resultado de la estrategia ultraconservadora que comenzó a fraguarse en 1996.

Hemos planteado dos opciones, la primera genera un crecimiento en empleo de calidad y en productividad. La segunda es la de la Reforma Laboral, la de Mónica de Oriol, cuyos efectos son nefastos para la clase trabajadora. Entonces, ¿por qué se sigue insistiendo en el segundo modelo? La ideología ultraliberal impone que es necesario crear una masa de trabajadores sumisos a los abusos por el miedo a perder el empleo, miedo que es el factor que está haciendo funcionar la Reforma Laboral. Por ideología es por lo que se sigue manteniendo la explotación laboral y esto es lo grave, que la ideología se imponga a las personas.

ÍNDICE

Introducción del autor...7

Artículos en *Nueva Tribuna*.................................13

PRODUCTIVIDAD EN RECICLAJE..15

RESPONSABILIDAD POR AUSENCIA 21

LA NECESIDAD IMPERIOSA DE LA REFORMA CONSTITUCIONAL.29

LA BASE DE DATOS DE SORAYA, «VICEPRESIDENTA PARA TODO»
....37

HASTA LOS '70 Y MÁS ATRÁS 41

EL DEBER DEL PUEBLO 51

EL CENTRO: OTRA MENTIRA DE LA DERECHA...................61

EL EFECTO GAMONAL 69

REFORMA LABORAL EN FAVOR DEL CRECIMIENTO 77

LA IRRESPONSABILIDAD DE LA IZQUIERDA......................91

REUNIÓN DE PASTORES EN VALLADOLID............................99

EL FUNDAMENTALISMO DE LAS GENOVESAS 107

COMPRAR LA PAZ SOCIAL 113

LA REALIDAD ES EL APOCALIPSIS.....................................119

CEDA – PP: ANALOGÍAS HISTÓRICAS QUE DAN MIEDO 125

REFORMA FISCAL: EL NUEVO ATENTADO CONTRA EL PUEBLO.133

ADOLFO SUÁREZ: LA DIGNIDAD FRENTE A LA IDEOLOGÍA.........141

CARTA ABIERTA A ELENA VALENCIANO 151

LA IRRESPONSABILIDAD DEL VOTANTE ESPAÑOL 157

650.000 EMPLEOS: ¿REALIDAD, PROPAGANDA, CAMBALACHE O
MENTIRA? 163

MARIANO MOURINHO 169

EL RETORNO A LA REPRESIÓN..177

ELECCIONES PLEBISCITARIAS 187

ES LA HORA DE LA CONSULTA Y LA EJECUTIVA NO SE DA CUENTA 195

REPÚBLICA SÍ, PERO ¿QUÉ REPÚBLICA? 203

Artículos en *Diario Progresista* 209

SI FRANCO LEVANTARA LA CABEZA… SONREIRÍA 211

SOLO FALTABAN LAS MEONAS Y YA LAS HAN LICITADO 219

¿ES INCOMPATIBLE EL SOCIALISMO CON EL PODER?....................227

DE LA LEY A LA LEY: EL ASALTO AL ESTADO DE DERECHO.......233

TÚ MUEVES EUROPA 239

LA ESTRATEGIA DE LA DERECHA: CUMPLIR CON EL *BUSINESS PLAN* 245

PSOE, POR EL CAMBIO: QUÉ, CÓMO, CUÁNDO, QUIÉN, POR QUÉ 257

HERMANOS REPUBLICANOS: DEBEMOS HACER CASO A ANA BOTELLA 269

HEREDEROS...277

COHERENCIA, POR FAVOR, COHERENCIA: SOMOS REPUBLICANOS 287

LA HERENCIA DE INGVAR...293

EL PARO ESCONDIDO TRAS LA CORTINA CATALANA 305

PODEMOS ENDULZARTE LOS OÍDOS 315

MEJOR QUE NO COMPAREN 325

LA RECUPERACIÓN QUE NO ERA TAL.......................................333

Artículos en *Publicoscopia* 341

LA TRAMPA QUE NO REGENERA SINO QUE PERVIERTE 343

DEMOCRACIA SECUESTRADA...349

CUANDO LO HIZO HUGO CHÁVEZ, GOLPE DE ESTADO. SI LO HACE RAJOY, REGENERACIÓN. 357

SORDOS DE CONVENIENCIA 363

MEDIDAS ANTITERRORISTAS PARA ACABAR CON EL
TERRORISMO 371

MARIANO RAJOY, PRESIDENTE MARXISTA 381

EL FUNDAMENTALISMO NO CABE EN DEMOCRACIA 389

PRECARIEDAD: EL CAMINO QUE NO HAY QUE SEGUIR.................399

ÍNDICE...409

www.ingramcontent.com/pod-product-compliance
Lightning Source LLC
Chambersburg PA
CBHW030416290526
45786CB00001B/5